초등 저학년 쓰기다운 쓰기

저자 이은미

중앙대학교에서 국어국문학을 전공하였고, 국어과 읽기와 쓰기 교육 내용에 대한 연구로 박사 학위를 받았다. 현재 대학에서 국어과 예비교사들을 가르치면서 관련 연구와 저술 활동을 하고 있다. 특히, 초등학교 시기의 국어교육은 부모와 자녀가 공감하고 소통할 소중한 역할을 한다고 믿으며, 지도교사와 학부모가 공유할 만한 관련 교육서를 꾸준히 개발하고 있다. 저서로 〈글쓰기를 위한 북아트〉, 〈자서전, 내 삶을 위한 읽기와 쓰기〉, 〈파리지엔 글쓰기〉 등이 있다.

초등 저학년
쓰기다운 쓰기

초판 1쇄 인쇄 2023년 1월 31일
초판 1쇄 발행 2023년 2월 6일

지은이 이은미
발행인 박효상 | **편집장** 김현 | **기획·편집** 장경희, 김효정 | **디자인** 임정현
교정·교열 진행 안현진 | **조판** 조영라
마케팅 이태호, 이전희 | **관리** 김태옥

종이 월드페이퍼 **인쇄·제본** 예림인쇄 | **출판등록** 제10-1835호
펴낸 곳 사람in | **주소** 04034 서울시 마포구 양화로11길 14-10(서교동) 3F
전화 02) 338-3555(代) **팩스** 02) 338-3545 | **E-mail** saramin@netsgo.com
Website www.saramin.com

ISBN 978-89-6049-986-7 14370
      978-89-6049-985-0 (set)

우아한 지적만보, 기민한 실사구시 사람in

초등 저학년

쓰기다운 쓰기

이은미 지음

사람in
saram
in.com

추천하는 글

이은미 선생님의 〈초등 저학년 쓰기다운 쓰기〉는 너무나 재미있습니다. 일기를 어떻게 쓸 것인지 알려주는 책인데 어떻게 이렇게 재미가 있을까요? 그것은 다른 글쓰기 책들과는 달리 실제로 어린이들이 쓴 다양한 종류의 일기들이 풍부하게 담겨 있기 때문입니다. 어린이들이 쓴 재미있는 일기를 읽으면서 자연스럽게 일기 쓰는 방법도 익히게 되는데, 그 일기의 종류와 방법들이 너무나 다양해서 흥미롭습니다. 일기를 소개하는 선생님의 다정한 목소리를 듣다가 보면 '일기 쓰는 것이 정말 어렵지 않구나' 하는 생각이 들고, 오늘부터 날씨 일기라도 써볼까 하는 마음이 생깁니다. 이 책은 글쓰기에 어려움을 느끼는 학생들에게는 따뜻한 용기와 격려를, 글쓰기 지도에 어려움을 겪는 교사나 학부모에게는 든든한 지침을 줄 것입니다.

김주환 국립안동대 국어교육과 교수

저자의 말대로 일기는 모든 글쓰기로 통합니다. 그렇기 때문에 초기 일기 쓰기 교육은 무척 중요합니다. 특히 초등학교 입학 전후 시기가 그러합니다. 이은미 선생님의 〈초등 저학년 쓰기다운 쓰기〉는 일기 쓰기 입문서로서 최적의 책이라 아니할 수 없습니다. 생활 일기로 시작하여 다양한 형태의 일기를 재미있게 보여주고 있어, 아동들도 쉽게 일기의 세계에 저도 모르게 쑥 들어가게 됩니다. 또한 이 책은 독서일기의 기본을 잘 익힐 수 있도록 여러모로 배려하고 있습니다. 읽기와 쓰기 능력을 동시에 잡을 수 있는 일석이조의 훌륭한 문해력 입문서로서도 손색이 없습니다. 아무쪼록 이 책을 계기로 아동들의 쓰기 능력이 일취월장하기를 바랍니다.

이도영 춘천교대 국어교육과 교수

이 책은 전하는 바, 지도의 메시지가 명료하다. 그리고 각 내용이 그 앞과 뒤에 있는 지도 내용들과 적절한 계열성을 이루면서, 자녀들 학습 지도의 내적 질서가 살아나도록 하였다. 또, 쓰기 능력을 길러나가는 전반에 무언가 '대화의 심리(Dialogic mind)'를 불러일으키는 활동들을 많이 개발하여 부모와 자녀가 공유할 수 있도록 제공하고 있다. 공부를 사이에 두고, 또는 공부 속으로 함께 들어갔을 때, 부모와 자녀가 대화적 모드를 발휘할 수 있다면, 그것은 공부 그 이상의 가치와 효과를 부모와 자녀 간에 만들어 주는 것이다. 국어 공부는 그럴 가능성이 넘치는 과목이다. 이 책이 그런 역할을 충분히 해 주어서 부모와 자녀 모두에게 사랑받는 책이 되기를 기대한다.

박인기 경인교대 국어교육과 명예교수

글을 읽고 쓰는 능력이 발달하는 데는 몇 가지 중요한 원리가 있다. 첫째, 출생과 더불어 그 능력의 발달이 시작되며 학습자를 둘러싼 조력자에 의한 양질의 후원이 발달을 촉진한다는 점이다. 둘째, 팔다리의 근육이 발달하는 원리와 같이 글을 읽고 쓰는 근육 또한 즐겨 읽고 쓰는 반복적인 활동을 통해 발달한다는 점이다. 그래서 규칙과 형식에 얽매이기보다는 재미가 있어서 읽고 쓰는 활동이 자발적으로 이루어질 수 있어야 한다. 셋째, 학습자의 발달 수준에 부합해야 한다. 초등 단계의 학습자는 대체로 자기 삶과 시간의 흐름에 대한 경험을 기반으로 글을 읽고 쓰는 데 익숙하며, 따라서 우리가 이들에게 기대할 수 있는 텍스트 또한 그러한 유형에 가까운 것이어야 한다. 〈초등 저학년 쓰기다운 쓰기〉는 이러한 핵심 원리를 기반으로 다양한 실제 사례를 통해 교사와 학부모가 초등 학습자의 쓰기 능력 발달을 돕는 조력자의 역할을 성공적으로 수행할 수 있도록 안내하고 있다.

옥현진 이화여대 초등교육과 교수

일기는 모든 글쓰기로 통한다

글을 쓴다는 것은 고되고 큰 노력이 필요한 일입니다. 대단한 명문을 만드는 것이 아니어도 말이지요. 글을 쓸 때 우리는 한 번에 '쓰기'로 다가가지 못하고 낯가리는 사람처럼 주변에서 다른 일들을 먼저 찾게 됩니다. 그런데 글쓰기에 대한 낯가림은 사람 사이의 낯가림보다 한층 심각해서 한나절이 다 지나도록 한마디도 시작하지 못하는 경우도 흔합니다. 이 낯가림을 이기고 종이 위에 무언가 나만의 이야기를 적어 내려면 많은 훈련이 필요합니다.

하지만 초등학교 입학 전후의 아이들은 종이 위에 무언가를 표현해 내는 데 별로 거리낌이 없습니다. 그림처럼, 낙서처럼 아무렇지도 않게 자유롭게 끄적이죠. 이런 행동들이 계속 이어져 짧은 글도 쓰고 긴 글도 쓰고 하면 좋으련만 이상하게도 학교생활에 익숙해지면서 서서히 줄어들다가 심지어 멈춰 버리기도 합니다. 정해진 틀에 맞춰 써야 하는 이런저런 글들 앞에서 아이도 엄마도 자꾸만 멈칫거리게 됩니다.

글쓰기는 아이가 자라면서 저절로 길러지는 능력이 아니기 때문에 아이의 발달 단계와 수준에 맞는 체계적인 쓰기 훈련을 따로 해 줘야 합니다. 다양한 상황에서 형식과 주제에 어울리는 글을 쓸 수 있도록 사고력과 표현 능력을 꾸준히 키워 줘야 하죠.

이 책에서는 아이들이 쓸 수 있는 여러 가지 글쓰기 유형 중에서 '일기'에 주목해서 알아보려고 합니다. 아이들의 글쓰기에서 일기가 중요한 것은 일기라는 장르가 가진 특성 때문인데, 바로 '일기는 모든 글쓰기로 통한다'라는 것이죠. 친구들과 신나게 논 것을 그림과 함께 적으면 그림일기가 되고, 흥미롭게 읽은 판타지 소설에 대해 적으면 독서일기가 되고, 집에서 키우던 강낭콩 줄기를 관찰해서 쓰면 관찰일기가 됩니다. 이처럼 일기는 다양한 쓰기로 통하는 다재다능한 표현법입니다. 이는 바꾸어 말하자면 아이의 하루하루를 일기라는 그릇에 신나게 담다 보면 아이의 글쓰기는 어느새 다방면에서 풍성해져 있을 것이라는 의미입니다.

이 책을 통해 일기로 이름을 남긴 사람들의 일기, 아이들이 남긴 재미있는 일기, 동화 같은 일기 등 다양한 일기를 만나면서 '일기'라는 쓰기가 지닌 방대하고도 흥미로운 모습들을 함께 알아가고, 이로 인해 초등 저학년 시기의 쓰기가 한결 가깝고 편하게 느껴졌으면 좋겠습니다. 이런 바람에 공감하고 응원해 주신 여러 선생님들께 감사드립니다. 그리고 흔쾌히 같은 편이 되어 주신 사람in 출판사에도 든든한 마음을 전합니다.

차례

Part 1   생활일기 쓰기

Part 2 독서일기 쓰기

Part 1

생활일기 쓰기

아이가 초등학교에 입학하면 부모 입장에서 가장 신경 쓰이는 숙제 중 하나가 일기 쓰기입니다. 일기는 그날그날 있었던 일을 쓰는 것이므로 쓰기의 기술이나 원칙을 따로 배우지 않아도 쉽게 쓸 수 있을 것 같은데, 막상 아이가 도와달라고 하면 어떻게 조언해 줘야 할지 도통 모르겠는 것이 바로 일기 쓰기입니다. 일기 쓰기 지도가 어려운 것은 아이도 엄마도 아직 '일기'의 특성에 익숙하지 않기 때문입니다.

생활일기는 말 그대로 아이가 그날 생활하면서 겪었던 일을 적는 일기입니다. 집에서, 학교에서, 박물관에서, 여행지에서 보고 듣고 생각하고 느낀 것들을 자신의 기록으로 남겨두면 바로 생활일기가 됩니다. 지금부터 생활일기의 다양한 유형들을 하나씩 짚어 보면서 일기를 어떻게 쓰고 어떻게 지도해야 할지 알아보겠습니다.

생활일기는 이렇게

흔히 일기를 쓴다고 할 때 가장 먼저 떠오르는 것은 '생활일기'입니다. '생활일기' 대신 '반성일기', '성찰일기' 같은 명칭을 사용하기도 하는데, 하루 동안 자신의 생활을 돌아보고 생각이나 느낌을 적는 것은 같습니다. 다만 이러한 명칭들은 일기를 쓰는 주된 목적을 개인의 반성이나 성찰에 두고 있다는 점을 나타냅니다. 반면 초등학교 아이들의 생활일기는 반성이나 성찰이라는 목표를 크게 의식할 필요는 없습니다. 일기를 쓸 때 알아두면 좋은 몇 가지 기본적인 요건들을 잘 염두에 두고 글을 쓰면 재미있고 풍성한 생활일기를 쓸 수 있게 될 것입니다. 그리고 일기 쓰기를 충분히 연습해 두면 나중에 어떤 글이든 자신 있게 쓸 수 있게 됩니다. 일기는 다양한 종류의 글쓰기로 뻗어 나가는 마법 같은 쓰기이기 때문입니다.

일기에 쓰는
날씨 ✏️

"오늘은 날이 흐려서 기분이 좀 가라앉는걸."
"오늘은 아침부터 이렇게 맑으니 정말 상쾌하군."

이처럼 하루를 시작하면서 그날의 날씨와 기분을 연관 지어 표현하는 경우가 종종 있습니다. 물론 맑고 상쾌한 날씨였지만 슬픈 일이 생기기도 하고, 그 반대의 경우가 있기도 합니다. 그럴 때면 맑은 날씨로 인해 슬픔이 더 크게 느껴지기도 하고, 흐린 날씨를 까맣게 잊을 만큼 즐거움이 커지기도 하지요.

날씨는 그날그날 그 사람의 기분이나 느낌을 비추는 좋은 소재가 됩니다. 더구나 우리나라처럼 사계절을 통해 다양한 날씨를 만날 수 있는 곳에서라면 날씨 이야기만으로도 할 말이 많지 않을까요? 다음에 예로 든 『난중일기』를 보고 이야기를 더 나눠 보도록 해요.

6월 11일(무오) 더위가 마치 쇠를 녹일 듯함

아침에 아들 울이 본영으로 떠났다. 떠나보내는 마음이 섭섭하기 이를 데 없었다. 혼자 빈 마루에 앉아 있으려니 마음을 걷잡을 수가 없었다. 충청 수사와 함께 활을 쏜 후 저녁을 먹었다. 달빛 아래 마주 앉아 이야기를 나누는데 어디선가 옥피리 소리가 처량하게 들려왔다.

5월 29일(신축) 비바람이 그치지 않고 종일 퍼부음

조그마한 공로를 세웠을 뿐인데 임금님의 사랑과 영광이 너무 커서 분에 넘친다. 장수의 몸으로 티끌만 한 공도 세우지 못하였으며, 입으로는 임금의 교서를 외면서도 얼굴에는 장수로서의 부끄러움이 서려 있음을 어찌하랴.

1월 12일(기묘) 서풍이 세게 불어 추위가 지독함

날이 거의 샐 무렵에 꿈을 꾸었다. 영의정 류성룡과 어느 한적한 곳에 가서 이야기를 나누는데, 한동안 서로 의관을 벗어 놓고 앉아서 나라 걱정을 하였다. 결국은 서로 억울한 속사정까지 털어놓았다. 이윽고 바람이 불고 비가 쏟아졌다. 만일 서쪽의 적이 쳐들어오고 남쪽의 적까지 함께 덤빈다면 임금님이 과연 어디로 가실 것인지를 걱정하다가 더 할 말이 없어서 한숨만 쉬었다. 며칠 전에 들으니 영의정이 천식으로 몹시 편찮다고 들었는데 좀 나아졌는지 모르겠다.

-이순신, 『난중일기』[1] 중에서

『난중일기』를 보면 그날의 날씨를 표현함에 있어서 상당히 구체적이고 다양한 묘사를 사용하고 있는 것을 알 수 있습니다. 물론 『난중일기』에 기록된 모든 일기가 그런 것은 아닙니다. 하지만 일기 속에 들어 있는 날씨는 기록하는 사람의 일상과 경험 안으로 바싹 다

---

1 『난중일기』는 충무공 이순신이 임진왜란 중 기록한 일기입니다. 7년간의 전쟁 상황을 상세하게 알려 주기도 하지만 충무공의 다양한 면모를 잘 드러냅니다. 충무공이라고 하면 얼른 떠오르는 강한 이미지와 달리, 사이사이에 편안하게 써 내린 인간적인 일기를 접하다 보면 오히려 감동적으로 느껴지는 매력을 발견할 수 있습니다.

가와 있는 느낌을 줍니다. 비바람이 몰아치는 혹독한 추위 속에서도 나라와 임금을 걱정하는 이순신 장군의 마음이 더욱 비장하게 느껴집니다. 또한, 녹아내릴 듯한 더위에 아들을 떠나보내고 달빛 아래 들리는 피리 소리에 아버지의 마음도 녹아내리고 있는 듯합니다.

날씨만으로 하루의 일기를 다 채우는 경우도 종종 볼 수 있습니다.

8월 1일

아침에 일어나니 비가 오고 있었다. 아침을 먹고 나서도, 점심을 먹고 나서도 비가 계속해서 왔다. 비가 오니 축축하고 기분이 좋지 않았다. 비가 안 오면 피시방에 가려고 했는데 또 비가 왔다. 우산을 쓰고 가려다 귀찮아서 그만두었다. 아빠가 퇴근하시면서 지금도 비가 온다고 하셨다. 내일은 비가 안 왔으면 좋겠다.

　　　-학생 일기

일기에서 날씨는 기록의 측면에서 중요한 요소이지만, 날씨 자체를 주제로 글을 이끌어 가면 자칫 알맹이가 없는 글이 되기 쉽습니다. 일기에 날씨를 적을 때는 기상청에서 발표한 정확한 날씨 정보를

적는다기보다는 자기가 기억하는 그날의 날씨, 그날의 느낌이 살아
있도록 기록하면 좋습니다.

1942년 6월 24일
사랑하는 키티.
오늘은 푹푹 찌는 듯한 무더운 날씨야. 모든 것이 녹아내릴
듯한데, 이 더위 속에서 나는 어디를 가든 걸어가야만 한단다.
전차는 편리한 운송 수단이지만 우리 유대인에게는 금지된 사
치품일 뿐이야. 걸어 다니는 것만으로도 감지덕지하라는 거지.
(후략)

-안네 프랑크, 『안네의 일기』(지경사)[2] 중에서

유대인으로서 극한의 차별을 받으며 살고 있던 안네에게 더운 날
씨는 그 차별을 피부 깊숙이 느끼도록 하는 인상적인 재료가 되었습
니다. 이럴 때는 굳이 날씨를 날짜 옆에 기록해 두지 않아도 그날의

---

2 『안네의 일기』는 네덜란드가 독일에 점령당해 있는 동안 독일군을 피해 가족과 숨어 지내던 안네 프
랑크가 썼던 일기입니다. 자기 감정을 솔직하고 거침없이 표현하는 안네의 일기 쓰는 방식은 숙제로
쓰는 일기가 아닌, 자기 자신을 위한 일기가 어떤 것인지를 생각해 보게 합니다. 또한 인물을 묘사하는
방법, 상황을 설명하는 방법, 편지로 감정을 나누는 방법 등 일기 쓰기에 대해 시사하는 바가 큰 작품
이므로 아이와 함께 꼭 읽어 보기를 권합니다.

Part 1 생활일기 쓰기

날씨를 생생하게 알 수 있지요?

이렇게 일기를 쓰면서 날씨 이야기가 자연스럽게 묻어나와도 좋고, 하루를 돌아보며 그날의 날씨를 자기의 느낌대로 떠올려 보아도 좋습니다. 초등 저학년 아이들의 일기장에는 날씨 쓰는 칸이 따로 있는 경우가 많은데, 이를 단순히 일기를 쓰기 위해 채워야 하는 빈칸이 아니라 오늘 자신의 기분을 표현하는 또 다른 방법이 될 수 있음을 아이에게 알려 주세요.

6월 20일 수요일, 하루 종일 비 와서 기분 꿀꿀함

체육 시간에 5반과 발야구 결승을 하기로 했는데 비가 와서 취소됐다. 빨리 이겨서 5반 코를 납작하게 해줘야 했는데! 5반 재승이가 오더니 그동안 연습이나 더 해두라고 약을 올리고 갔다. 얄미운 오재승. 그리고 우리 반은 두 시간 동안이나 밀린 수학 평가를 했다. 안 그래도 기분이 꿀꿀한데, 두 시간 동안 수학을 푸느라 등에 땀이 나고 기분은 더 찝찝해졌다. 비 오는 날은 되는 일이 없는 것 같다.

-학생 일기

일기의 날짜 옆에 날씨와 자기의 기분을 함께 적는 것도 좋습니다. 이것을 통해서 그날 일기의 주제를 나타낼 수 있습니다. 그러니 일기를 쓸 때 날씨를 표현하는 것을 그저 귀찮은 형식이 아니라 그때의 나를 생동감 있게 표현하는 장치 중의 하나로 기억해 주었으면 합니다.

일기는 나를 위해 쓰는 솔직한 글 ✏️

　일기는 원래 남에게 보이기 위한 목적이 아니라 자기만의 기억을 기록하고 싶다는 욕구에서 시작되는 글쓰기입니다. 그렇다면 일기는 내 기억을 구속받지 않고 쓰는 글이어야 합니다. 누군가 내 일기를 읽고 평가할 것이라는 부담이 더해진다면 그건 일기 쓰기의 원래 의도에 어긋난다는 말이지요.

　하지만 초등 저학년 아이들은 일기를 쓰고 부모님과 선생님께 확인을 받아야 합니다. 이때 글의 분량이 제법 되고 그림도 재미있게 그려 넣으면 칭찬을 받습니다. 반면 글이 짧거나 그림이 빈약하면 이것저것 걱정을 듣게 됩니다. 그렇다고 해서 매일 똑같이 밥을 먹고 학교에 가는 일처럼 으레 일어나는 일들로 일기를 채울 수는 없으니,

아이가 생기지도 않았던 일을 꾸며서 길게 써서 학교 선생님께 칭찬을 듣는다면 어떨까요? 아이는 일기를 쓰는 것이 매일매일 한 편의 무거운 글쓰기 숙제를 하는 것처럼 여겨질 것입니다.

일기는 남에게 보이려고 쓰는 글이 아닙니다. 자기 중심의 글로서, 남의 이목을 꺼려 하지 않고 솔직 대담하게 비밀을 털어 놓을 수 있는 것입니다.

－박목월, 『문장의 기술』 중에서

진짜 '나'가 빠져 있는 일기는 일기가 아니라 소설입니다. 또, 내가 나오지 않는 일기는 그저 주변에 대한 보고서나 소식지에 불과합니다. 일기에는 진짜 내가 들어 있으므로 의미가 있고, 나의 이야기이기에 내 생각이나 느낌이 자연스럽게 따라옵니다. 뿌듯하기도 하고 후회도 되고 억울하기도 하고 짜증 나기도 하는 나의 아주 사적인 느낌들 말이지요.

본인이 했던 거짓말도 사실대로 기록해서 무거운 마음을 덜어낼 수 있고, 정말 사적인 비밀도 털어놓을 수 있는 것이 일기여야 합니다. 일기장 속에 마음의 친구를 만들어 두고 그 친구에게 솔직하게 이야기를 한다고 생각해 보세요. 그렇게 이야기를 털어놓다 보면 걱정되거나 두렵던 마음도, 슬프거나 화가 나던 기분도 차츰 편안한 자리로 조금씩 돌아가 있을 것입니다.

그렇게 생각하면 일기는 아이 스스로 쓰고 관리하도록 두는 것이

맞을 겁니다. 하지만 아이가 일기를 제대로 쓸 수 있도록 조언하거나 지도하기 위해서는 어쩔 수 없이 선생님이나 부모님이 아이의 일기를 먼저 읽어야만 합니다. 그렇다면 아이가 쓴 일기를 읽은 선생님이나 부모님은 어떻게 반응을 보여야 할까요? 다음의 일기를 보면서 한번 생각해 보세요.

6월 13일 수요일, 더움
제목: 오늘이 바로 공개수업

5교시 '수학' 시간에 공개수업을 했다. 그래서 어제 식 만들기와 문제 만들기가 끝나지도 않았는데 갑자기 시간 알아보기를 들어갔다. 오늘 공개수업 때 모형 시계를 가지고 수업을 했다. 엄마는 늦게 와서 '시계', '돼지가 똥칠하는 노래'와 '아기 염소'를 열심히 율동했는데도 못 보셨다. 엄마가 못 보셔서 서운하고 기분이 정말정말 나빴다. 재미있는 것은 정민이가 장난을 쳤는데 보통 때는 선생님이 알밤을 때리시는데 오늘은 엄마들이 뒤에 서 있어서 그러셨는지 부드럽게 받아주셨다. 알밤을 안 맞으려면 공개수업을 매일 해야겠다.

-채리의 일기

아이의 일기를 보고 나니 엄마는 선생님이 평소에 자주 아이들에게 알밤을 때리는 것은 아닌지 걱정이 됩니다. 선생님은 선생님대로 학부모가 선생님에 대해 좋지 않은 감정을 갖게 될까 마음이 쓰입니다. 하지만 엄마도 선생님도 아이의 일기에 어떤 반응을 표시하기는 쉽지 않겠지요?

그래도 저학년 아이에게 일기 지도는 꼭 필요한 부분이라 아이의 일기를 읽지 않을 수는 없습니다. 다만 선생님이나 부모님은 아이가 일기에 자유롭게 자기의 감정을 표출한 내용에 대해서 모르는 척해 주거나 표현의 자유를 보호해 줄 방법을 고민해 두어야 하겠습니다.

10월 1일, 바지를 입었다는 이유로

기특하게도 모두들 꾸준히 일기를 쓰고 있다. 원하는 사람은 자유 읽기 시간에 일기를 쓰는데, 내가 읽는 것을 원치 않을 경우에는 페이지 맨 위에 'E'를 쓰고 동그라미를 그리고 사선을 그어 놓도록 했다. 이것은 내 이름(Esme)의 앞자 'E'를 따서 만든, '에스메이 선생님, 읽지 마세요'의 의미이다. 물론 그 표시가 있다고 해서 내가 그 부분을 읽지 않는 것은 아니다. 다만 읽고도 아는 척을 안 할 뿐.

일기를 읽다가 종종 흥미로운 사실을 발견하기도 한다. 예를 들면 애시워스는 내가 바지를 입었다는 이유로 하루 종일 초조했다고 써 놓았다. 그 일기를 본 이후, 난 절대 바지를 입지 않는다. 글쎄, 애시워스는 내가 잠깐 외계인들에게 납치됐었다고 생각했다지 뭐야? 바지 한 번 입었다고 외계인에게 납치라니?

　　　　-에스메이 라지 코델, 『에스메이의 일기』(세종서적)[3] 중에서

『에스메이의 일기』에는 아이들의 일기에 표현의 자유를 보장하기 위한 재미있는 방법이 등장합니다. 바로 '선생님, 읽지 마세요'라는 표시를 만들어 두는 것이지요. 우리도 아이와 함께 '엄마, 읽지 마세요' 같은 표시를 한번 만들어 보는 것은 어떨까요? 물론 우리도 읽지 않는 것은 아니지만 아는 척은 안 하는 걸로요.

　선생님이나 엄마의 관여가 필요한 이유는 아이가 자신이 쓴 글을 시간이 흐른 뒤에 다시 읽을 때 궁금한 점이 최소한이 될 수 있도록 만들어 주는 역할쯤이라고 생각하면 됩니다. 일기는 자신을 위해 쓰는 글입니다. 글쓴이도 독자도 모두 자기 자신이기 때문입니다.

─────────

3 『에스메이의 일기』는 스물네 살의 선생님 에스메이가 초등학교에 부임하여 첫해에 겪은 일들을 적어 놓은 기록입니다. 시카고 도심에 새로 생긴 공립 초등학교 아이들은 대부분 가난과 부모의 이혼, 불화 속에 노출된 흑인들이었는데, 이들에게 따뜻한 관심과 사랑을 베풀며 함께 성숙해가는 에스메이의 이야기가 유쾌함과 감동을 주는 책입니다.

<u>**1944년 1월 2일 일요일**</u>

키티에게

오늘은 전에 쓴 일기들을 모두 읽어 보았단다. 그런데 내가 엄마를 몹시 비난하고 있었던 것에 대해서 몹시 놀랐어. 이렇게까지 분노하고 있었다니. 그리고 그걸 키티 네게 다 말해 버렸다니…….

예나 지금이나 나는 모든 걸 너무 주관적으로 생각하는 결점이 있어. 그래서 다른 사람의 말을 냉정하게 받아들이기보다는 쉽게 흥분하고, 상처받은 말에 대해서 적절하게 대응하지도 못하게 되지. 나는 스스로 도취되어 모든 기쁨과 슬픔, 경멸을 일기에 쓰는 것으로 만족하고 있었던 거야. 일기는 더없이 나에게 소중한 것이니까. (후략)

　　　　－안네 프랑크, 『안네의 일기』(지경사) 중에서

『안네의 일기』처럼 아이들은 학년이 올라가면서 일기를 보여 주는 것을 꺼리기도 하고 비밀 일기를 따로 만들어 쓰는 경우도 생기게 됩니다. 그러니 그때가 오기 전에 아이에게 자기 스스로와 소통할 수 있는 바른 습관과 능력을 만들어 주는 것이 중요합니다. 자기가 예전에 썼던 일기를 다시 읽어 보는 것은 아이에게도 즐겁고 생각보다 괜찮은 성찰법이 될 수 있을 것입니다. 자신과의 소통을 통해 아이는 한 뼘씩 더 성장해 나갈 테니까요.

일기는 하루 중
가장 소중한 순간을
남기는 것 ✎

    일기를 쓸 때 가장 중요한 것은 무엇보다 '하루 동안 시간의 흐름에 따라 무슨 일이 일어났고 어떻게 되었는지를 쓰는 것'이라 할 수 있습니다. 이것을 '서사'라는 용어로 설명하기도 합니다. 조금 더 풀어보면 마치 하루 중 가장 기억에 남는 시간을 한 장의 사진으로 찍어 놓는 것과도 같습니다. 너무나 기가 막히게 잘 찍어서 그 사진 한 장만 보면 그날의 일들이 생생하게 다시 떠오르는 그런 사진 말이지요.

    다음 '진화의 일기'를 보면 아이들이 일기를 쓸 때 이런 개념을 어떻게 이해하고 있는지를 쉽게 알 수 있습니다. 진화는 하루 동안 일어난 일을 발생한 시간의 순서대로 일기에 쓰고 있습니다.

8월 19일 목요일, 맑음

제목 : 삼촌 생일

할머니 댁에 갔다. 거기서 컴퓨터를 하고 밥을 먹고 축구하고 동생들하고 게임도 하고 조금 있다가 삼촌 생일이어서 케이크에 불을 켰다. 생일 축하 노래를 불러드렸다. 삼촌 여자 친구도 왔다. 삼촌은 10월에 결혼을 한다. 무척 기다려진다. 아빠 차를 타고 집에 도착해서 샤워를 하고 올림픽 경기를 보았다. 우리나라가 금메달을 많이 땄으면 좋겠다.

　　　　　　　－진화의 일기

이러한 서술 방식은 저학년 아이들의 일기에서 흔히 볼 수 있습니다. 그런데 이렇게 그날 발생한 일을 시간의 흐름에 따라 쓰다 보면 비슷한 일상이 반복해서 나타나는 일기들이 등장합니다.

아침에 일어나서 학교에 갔다. 수업을 마치고 집에 돌아와서 간식을 먹고 영어 학원에 갔다. 학원에서 돌아와 저녁밥을 먹고 숙제를 하고 잠을 잤다. (후략)

이런 식의 일기가 되지 않으려면 생각의 전환이 조금 필요합니다. 일기는 하루에 일어났던 일들을 시간의 순서대로 나열하여 적는 것에 그치는 것이 아니라, 하루 중에 남기고 싶은 순간을 사진이나 동영상으로 찍어 두는 것이라고 생각해 보는 것입니다. 매일매일 이런 기록들을 남겨 둔다면 정말 멋진 사진첩이 만들어지겠지요?

그래서 일기를 쓸 때는 사실이나 경험에 관한 것을 적어 두는 것이 필요합니다. 생각이나 느낌도 결국은 생활 속의 장면 장면에서 나온 것이니 장면의 사실과 경험을 써 놓지 않으면 생각과 느낌도 살아나기 힘들 테니까요. 본 것, 경험한 것을 생생하게 적어 놓으면 그 안에서 생각과 느낌은 자연스럽게 생겨나고 자라게 된다는 사실을 믿어 보세요.

[은희의 일기]

<u>12월 2일</u>

오늘은 '큰바위 가든'에 밥 먹으러 갔다. 거기에서 발바리를 가든에서 주웠다. 나는 만져보려고 하는데 도망갔다. 엄마 아빠도 만지지 말라고 했다. 나는 닭죽을 먹고 만지려고 했다. 엄마가 안아서 나에게 주었다. 정말 귀여웠다. 나는 머리를 쓰다듬어 주었다. 발바리의 색은 황토색이었다. 엄마도 귀엽다고 했다. 회문산 고모는 가져가도 된다고 하셨다. 엄마 아빠께서는 안 된다

고 하셨다. 나는 가져가고 싶었다. 하지만 엄마 아빠가 안 된다고 하시니까 어쩔 수 없었다. 이제 차츰 발바리도 나를 좋아했다. 나는 발바리 이름을 붙여보았다. 발라리 이름은 단비다. 나는 단비야 단비야 하고 불러 보았다. 단비는 나에게 달려왔다. 엄마와 아빠, 할머니, 고모께서 웃으셨다. 단비도 꼬리를 살랑살랑 흔들었다. 나는 집에 갈 때도 단비에게 '안녕'이라고 했다. 나는 집에 와서도 단비 생각을 했다. 다음에도 단비랑 놀아야지.

　　－김용택, 『김용택의 교단일기』(김영사)[4] 중에서

　『김용택의 교단일기』의 저자 김용택은 '은희의 일기'가 영화의 한 장면처럼 선명하고 평화롭고 참으로 아름다운 글이라고, 이런 글이 잘 쓴 글이라고 입에 침이 마르게 칭찬을 합니다. '자기가 한 일을 자세히 쓰는 것이 좋은 글을 쓰는 길'이라고 힘주어 말합니다.

---

4 『김용택의 교단일기』는 저자가 섬진강 주변의 덕치초등학교 교사로 지내면서 쓴 일기입니다. 초등학교 아이들의 있는 그대로의 모습을 시인의 푸근한 시선에서 혼잣말처럼 써 내린 기록입니다. 선생님의 일기이지만 사이사이에 아이들의 풋풋한 일기나 글짓기들이 들어 있어서, 선생님의 입장이 되어 보기도 하고 아이의 입장이 되어 보기도 하면서 흥미롭게 읽을 수 있습니다.

<u>**6월 10일 일요일,**</u> 맑음

제목: 웃긴 가족 팔씨름 대회

해 질 무렵 온 가족이 마루에 모여서 가족 팔씨름 대회를 벌였다. 처음에 내 생각으로는 아빠가 힘이 제일 세고 그다음은 오빠, 다음은 엄마, 그리고 나라고 생각했다. 그런데 생각지도 못한 일이 일어났다. 엄마의 왼쪽 팔 힘이 세서 뚱뚱한 아빠를 이겼다. 아빠는 엄마한테 지지 않으려고 안간힘을 쓰다가 팔꿈치가 벗겨졌다. 아빠가 너무 불쌍했다. 오빠는 엄마보다 힘이 세다고 큰소리를 뻥뻥 치더니 힘없이 엄마한테 졌다. 아빠 한 손, 나는 두 손으로 했더니 내가 이겼다. 정말 웃기는 가족 팔씨름 대회였다. 오빠와 나는 아빠 팔꿈치가 벗겨졌다고 한참 깔깔히히거리며 웃었다.

　-채리의 일기

하루 동안 아이가 보고 듣고 느낀 것, 행동하거나 생각한 것 중에 하나를 골라서 쓰는 것은 하루 중 가장 인상 깊은 사진 한 컷을 남기는 것과도 같습니다. 그리고 그렇게 하루하루 모인 사진들은 멋진 앨범이 될 것입니다.

삶의 장면들을 생생하게 담아낼 수 있는 방법에는 현재에 대한 서

사가 아닌, 미래에 대한 소망이나 바람을 적어 놓는 것도 있습니다.

1943년 7월 23일 금요일

키티에게.

이곳에서 나가면 다들 맨 처음 뭘 하고 싶어 하는지 말해줄게. 마고트 언니와 반 단 아저씨는 뜨거운 물을 넘치게 받아 놓고 30분 동안 목욕을 하고 싶대. 반 단 아줌마는 당장 달려가 크림 케이크를 먹고 싶고. 뒤셀 아저씨는 자기 아내 로체를 볼 생각 밖에는 없고, 엄마는 뜨거운 커피 한 잔을 마시고 싶대. 아빠는 보셴 씨를 맨 처음 찾아갈 거래. 페터는 시내에 가서 영화를 보고 싶고. 난 너무 좋아서 뭐부터 해야 할지 모르겠어! 가장 먼저 우리만의 집을 갖는 것, 그리고 누군가의 도움으로 다시 공부하는 것, 그러니까 학교에 가는 것.

-안네 프랑크, 『안네의 일기』(네버엔딩스토리) 중에서

안네의 일기에 담긴 바람은 당시의 현실과는 동떨어진 것이지만 오히려 그런 사소한 일상을 그리워하는 내용이 당시의 현실을 무엇보다도 잘 반영하고 있습니다. 목욕탕에 몸을 담그고 커피를 마시고 거리를 걷는 상상은 너무도 절실해서 그런 것들을 할 수 없는 현재

를 더욱 생생하게 기록하는 효과를 내기도 합니다. 이렇게 절박한 상황은 아니더라도 현재를 벗어나고 싶은 간절함은 아이들의 일기에 자주 드러납니다.

5월 21일 목요일, 비
제목: 오늘은 하루 종일 주룩주룩 비 오는 날

오늘은 하루 종일 비가 주룩주룩 왔다. 그래서 양재 시민의 숲에 그림 그리러도 못 가고, 줄넘기 연습을 하러 운동장도 못 나가고 집에서 열심히 숙제만 했다. 참 지루했다. 왜 쉬는 날은 숙제가 많을까? 쉬는 날은 놀라고 숙제를 하나도 안 내주었으면 좋겠다.

비 오는 날에 내가 하고 싶은 일

1) 하루 종일 잠만 자기

2) 그리고 싶은 그림 마음껏 그리기

3) 오빠랑 DVD 신나게 보기

4) 우산 쓰고 나가서 물장난하기

5) 하루 종일 엄마 따라 다니면서 빈둥거리기

비 오는 날에 이렇게 내가 하고 싶은 일만 하면서 시간을 보내면 안 될까?

-채리의 일기

학교에 가지 않고 모처럼 쉬는 날이었지만 비가 와서 아이는 현재 하고 싶은 것들을 아무것도 하지 못하는 상황입니다. 아이가 적은 비 오는 날에 하고 싶은 일들이 너무 사소한 것들이어서 더욱 안쓰러워집니다. 그리고 요즘 아이들의 현실이 뜻하지 않게 눈앞에 그려집니다. 이렇듯 일기 안에 들어가는 서사는 아이의 현재도, 바람도 담아 내기에 한층 삶의 냄새가 나는 글쓰기가 될 수 있습니다.

일기의
제목과 주제 ✏️

　학교에서 일기 쓰기를 지도할 때는 보통 일기의 제목을 만들어 쓰게 합니다. 제목이 있는 일기와 제목이 없는 일기는 저마다의 특징이 있습니다. 일반적으로 글에 제목을 붙이게 되면, 글의 주제와 쓸 내용의 범위가 정해집니다. 그렇게 되면 하나의 사건이나 현상에 집중하게 되어 보다 세밀한 글을 쓸 수 있습니다. 일기가 글쓰기를 연습하는 기반이 된다는 점에 주목해 보면 좋은 습관이 될 수 있습니다.

　그런데 하루를 돌아보는 글이라는 일기의 성격을 다시 생각해 봤을 때 특정한 제목을 갖게 되면 하고 싶은 이야기를 충분히 쓰지 못하거나 제목의 틀 안에서 분량 채우기에 급급해질 수도 있습니다. 물론 대부분의 저학년 아이들은 일기의 제목을 미리 만들어 두고도 제목과 상관없는 이야기를 써 놓기도 하고, 다른 날의 일기에서 같은 제목이 여러 차례 반복해서 등장하기도 합니다. 제목이 같다고 해서 일기가 똑같은 내용으로 이루어지는 것은 물론 아닙니다.

<u>8월 26일 토요일, 더움</u>
제목: 개학하는 마음

월요일 날 개학을 해서 숙제를 하느라 엄청 바빴다. 오빠는 일기를 밀려서 5개씩 썼다. 나는 독서 카드가 밀려서 아주 많이 썼다. 힘들었지만 할 수 없었다. 엄마가 감시했기 때문이다. 아무래도 다음 방학에도 숙제가 밀릴 것 같다.

<u>8월 21일 화요일, 덥고 쨍쨍</u>
제목: 개학은 다 되어 가고

오랜만에 일기를 쓴다. 개학이 다 되어 가니까 선생님 얼굴을 볼 생각에 걱정이 된다. 선생님한테 알밤을 맞으면 어떡하지? 일기도 일주일에 세 번 이상 썼어야 했었는데……. 방학이 더 길었으면 좋겠다. 여름 방학도 길고 겨울 방학도 길고 그러면 얼마나 좋을까? 엄마는 내 방학 숙제 때문에 힘들고 짜증

나 하신다. 오빠는 방학이 더 짧다. 그래서 오빠도 방학 숙제 때
문에 엄마를 괴롭히고 있다. 쯧쯧쯧… 방학이 이틀밖에 안 남았
다니… 친구들은 숙제를 많이 했을까?

　-채리의 일기

　2학기 개학을 앞두고 아이가 일 년 전과 후에 각각 쓴 일기입니
다. 매번 후회하지만 방학 숙제는 늘 밀려 있고 개학은 어김없이 다
가옵니다. 제목도, 그려지는 장면도 비슷하지만 똑같은 일기라고 볼
수는 없습니다. '개학'이라는 제재에 대해서도 아이의 생각은 계속해
서 변화하고 성장해 가기 때문입니다. 이 시기의 아이들은 대부분 선
생님이나 부모님의 압박으로 억지로 일기를 쓰는 경우가 많으므로
예전에 자기가 썼던 생각이나 표현을 기억하지 못합니다. 다시 말해
같은 주제에 대해서 새로운 내용을 구성하려고 의식적인 노력을 기
울이기는 어렵습니다. 개학이 다가오면 방학 숙제는 늘 문제 상황을
제공하는 원인이고 그것을 해결해야 하는 나의 무거운 마음은 같습
니다. 그러나 앞의 일기에서 보이듯 유사한 상황의 비슷한 사건에서
도 생각과 표현의 범위가 달라져 있습니다. 처음엔 숙제가 힘이 들어
도 엄마가 무서우니 해야 한다는 생각이었지만, 다음 해에는 선생님
의 반응에 대한 걱정도 보이고 숙제의 양에 비해 방학 기간이 짧다

는 주관적인 의견도 냅니다. 또 오빠와 자기의 방학 일수를 비교하기도 하고, 같은 숙제를 하고 있을 친구들을 떠올리기도 합니다. 일 년이라는 시간 동안 아이가 주제를 탐색하는 생각의 범위가 넓어졌다는 점을 알 수 있습니다. 우리는 이렇게 눈에 띄지 않게 자라는 아이의 생각과 표현을 알아차리지 못할 때가 많습니다. 『김용택의 교단일기』의 재미있는 대목이 하나 떠올라 옮겨 봅니다.

오늘도 ○○이와 ○○이가 일기를 써오지 않았다. 불러놓고 왜 일기를 쓰지 않았냐고 물어보았다. 대답을 하지 않는다. 그래서 내가 문제를 내기로 했다.

*문제: 왜 나는 일기를 써오지 않았나? 맞는 번호를 말해 보아라.

1. 똥배짱으로

2. 선생님이 혹 일기 검사를 안 하고 지나갈 수도 있으니까

3. '혼내면 혼나고 말지 뭐' 하는 심정으로

4. 일기를 쓰지 않은 걸 알고도 그냥 용서할 수도 있으니까

○○이와 ○○이는 똑같이 다 죽어가는 소리로 "2번이요!" 그런다. 우리 모두 다 크게 웃었다.

–김용택, 『김용택의 교단일기』(문학동네) 중에서

어떤 기발한 제목을 정했다 하더라도, 어떤 멋진 주제가 떠올랐다 하더라노 일기를 쓰는 것은 아이에게 하기 싫은 숙제인 경우가 대부분입니다. 선생님이나 엄마가 그것을 모르는 바도 아닙니다. 우리도 모두 겪어본 시련이니까요. 그래도 일기는 제목이 어찌 되었든 주제가 무엇이든 일단 써 놓고 봐야 하는 삶의 계단인지도 모릅니다.

감정을 조절하는 일기 🖉

일기가 갖는 큰 역할 중 하나는 일기를 쓰는 과정에서 힘들거나 불필요한 감정들을 줄이거나 조절할 수 있다는 점입니다.

최근 아동·청소년 스트레스에 관한 조사 자료들을 살펴보면 우리나라 초등학생들의 스트레스가 심각한 수준인 것으로 밝혀지고 있습니다. 아이들의 스트레스는 학업 외에도 학교생활, 가족·친구 관계, 외모 등 다양한 부분에서 나타나고 있습니다. 하지만 스트레스를 해소하거나 완화하는 방법에 대해서는 의외로 뾰족한 대책이 없습니다. 놀이를 통해 스트레스를 풀어 주고 음악이나 운동 등의 방법으로 스스로 스트레스를 조절하고 해소해 갈 수 있는 힘을 키워 주라는 것이 전문가들이 제시하는 대략적인 방안일 따름입니다.

그런데 이 스트레스라는 것은 어른들도 마찬가지이지만 사실 완전히 해소될 수 있는 것은 아닙니다. 스트레스는 살면서 끊임없이 밀려오게 마련이고, 하나를 미처 덜어내기도 전에 다른 것들이 계속 쌓이는 것이 일상이니까요. 그래서 스트레스는 해소하는 법을 고민할 것이 아니라, 다루는 법을 깨우치는 것이 훨씬 현명한 방법입니다.

생각해 보면 우리는 오래전부터 아이들에게 스트레스를 건강하게 다루는 법을 알려 주기 위해서 운동도 시키고, 악기도 가르치고, 그림도 그려 보게 하는 등 많은 방법들을 동원해 왔습니다. 문제는 스트레스를 잘 다루게 하기 위해 시작한 이런 일들이 오히려 아이들의 스트레스 요인으로 더해져 갔다는 점입니다.

글쓰기도 그런 실패한 치유법 중의 하나일지도 모릅니다. 아이의 그림이나 글을 대하면서 있는 그대로의 아이 모습에 고개를 끄덕여 주지 않고, 능력과 가능성을 확인하려고만 한 데서 틈이 벌어지게 된 것입니다. 이유와 종류를 헤아릴 수 없는 아이의 스트레스는 집중력과 자신감을 떨어뜨리고 마침내 아이가 자신을 부정적으로 인식하며 자라게 만듭니다.

하지만 글쓰기의 다양한 유형 중에서도 일기 쓰기는 조금 달랐으면 하는 마음입니다. 최소한 일기를 쓸 때만은 누구의 눈치도 보지 않고 자기 머릿속에, 마음속에 들어 있는 불편한 것들을 거침없이 쏟아낼 수 있으면 좋겠습니다. 왜냐하면 일기는 저자도 독자도 모두 아이 자

Part 1 생활일기 쓰기

신이니까요. 기쁨이나 즐거움은 물론이고 슬픔, 괴로움도 일기장에 털어놓다 보면 좋은 감정은 더 커지고, 나쁜 감정은 별것 아니었던 것처럼 슬그머니 사라지기도 합니다. 더불어 아이의 스트레스는 어른들이 관심을 가지고 들여다보며 아이가 마음속의 불편한 것들을 잘 다룰 수 있도록 지도해야 합니다. 그러려면 어쩔 수 없이 어른들은 또다시 아이의 일기와 마주하게 되겠지요?

1942년 6월 20일 토요일

며칠 동안 일기를 쓰지 못했어. 내 일기에 대해서 먼저 생각해 보고 싶었거든. 나 같은 아이가 일기를 쓰다니, 정말 이상한 일이야. 지금까지 일기를 써 본 적이 없을 뿐 아니라 열세 살 여학생이 비밀을 털어놓는 것에 대해 나는 물론이고 다른 사람들도 관심이 있을까 싶어서 말이야. 하지만 그게 무슨 상관이야? 난 일기를 쓰고 싶고, 무엇보다도 내 마음 깊이 묻혀 있는 모든 것들을 끄집어 내고 싶거든.

　-안네 프랑크, 『안네의 일기』(보물창고) 중에서

『안네의 일기』는 생명의 위협을 받으며 좁은 공간 안에 여러 가족이 숨어 살아야 하는 극한의 스트레스 속에서 쓴 아이의 일기입니다. 특별한 상황이긴 하지만 아이가 일기에 스트레스를 풀어내며 자신을 다독이며 성장해 가는 과정을 보여 주는 좋은 사례입니다. 일기에 나와 있듯이 주인공인 여자아이는 마음속 비밀을 털어놓을 대상을 찾기가 쉽지 않습니다. 그래서 안네는 그런 스트레스와도 같은 감정의 찌꺼기들을 후련하게 쏟아 버릴 수 있는 대상으로 일기를 선택합니다.

<u>1943년 1월 30일 토요일</u>

사랑하는 키티!

마음속에서 분노의 불길이 타오르는데 그걸 나타낼 수 없다니. 생각대로라면 발을 쾅쾅 구르고 싶어. 목이 터져라 고함을 지르고, 엄마를 붙잡고 미친 듯이 흔들어대면서 울부짖고 싶어. 매일매일 나를 향해 쏟아지는 욕설과 비난의 눈빛, 차가운 단죄의 말들이 나를 얼마나 아프게 하는지……

(중략)

내가 생각하는 '중용'이란 입을 다물고 속마음을 결코 드러내지 않는 거야. 그리고 그들이 항상 나에게 보내는 차가운 경멸의 눈빛을 그대로 되돌려주는 거지.

나에게 중용의 능력이 있었으면 좋겠어!

-안네 프랑크, 『안네의 일기』(책세상) 중에서

안네가 평범한 환경에서 살아가는 아이였다면 이런 상황에서 이런 감정을 느꼈을 때 실제로 울부짖고 소리치고 거친 행동을 할 수도 있었을 겁니다. 우리가 답답함을 느낄 때 소리를 크게 지르거나 몸을 과격하게 움직이는 것만으로도 후련함을 느끼는 것처럼 외적인 발산으로 해소될 수 있는 스트레스도 있으니까요. 하지만 그렇게 되면 함께 사는 사람 모두의 안전이 위협을 받게 된다는 것을 잘 알고 있기 때문에, 안네는 일기 쓰는 방법을 선택합니다. 글을 쓰는 것은 마음속으로 아무리 시끄럽게 떠들고 소리를 질러도 일기장 밖으로는 아무런 소리도 들리지 않을 테니까요.

10월 16일 화요일, 맑았다 흐림
제목: 고민하는 날

이상하고 수상하다. 왜 학교 숙제가 끝날 것 같으면서 계속 이어질까? 10월 22일이 빨리 지났으면 좋겠다. 학교에 손님이 오실 때에는 그냥 있는 그대로 보여 주면 되지 왜 열심히 꾸며야 할까? 선생님은 왜 자꾸 화를 내실까? 아이들은 왜 선생님 말씀을 한 번에 못 알아들을까? 왜 선생님은 우리 말을 이해를 못 하실까? 이게 요즘 내 고민이다. 그리고 학교를 갔다 오면 왜 자꾸 잠이 올까? 3학년은 왜 돼야 할까?

－채리의 일기

아이들의 일기를 잘 살펴보면 아이들이 느끼는 일상적인 스트레스들이 많이 담겨 있습니다. 숙제에 대한 스트레스, 공개수업 준비에 대한 스트레스, 담임 선생님과의 소통에 대한 스트레스, 신체적인 피곤함에 대한 스트레스… 이런 스트레스를 담아내는 역할을 하는 것이 일기이기도 합니다.

선생님이나 부모님이 주의할 점은 이런 내용에 대해서는 볼 기회가 있다 하더라도 가급적 개입해서는 안 된다는 것입니다. 사실 아이가 일기장에 털어놓는 불만이나 질문은 누군가의 대답을 필요로 하지 않는 경우가 많습니다. 일기에 적는 그 자체가 아이가 자신의 삶을 표현하는 방식이고 자신을 위로하는 방식이기 때문입니다. 물론 선생님이나 부모님이 아이의 고민을 알고 더 좋은 방향을 모색할 여지가 있다면 함께 고민하고 수용할 수 있다는 점은 두말할 필요가 없겠지요.

그런데 안타까운 사실은 이런 일기를 쓰는 일 자체가 아이에게 스트레스를 주기도 한다는 점입니다. 아래의 독서일기에는 일기 쓰기를 싫어하는 주인공에게 공감하는 아이의 마음이 담겨 있습니다.

제목:『나도 일기 쓰기 싫은 날이 있다』를 읽고 나서

나도 '택배'란 아이처럼 일기 쓰기 싫은 날이 있다. 솔직히 이 세상에 일기 쓰기를 좋아하는 아이는 없을 것이다. 택배는 일기가 쓰기 싫어서 새 일기장을 가져오고 헌 일기장을 다 써서 새 일기장을 가져왔다고 말한다. 나는 일기가 쓰기 싫을 때 하기가 싫어서 빼먹을 때도 있고, 지루한 주제로 계속 끌고 나갈 때도 있다. 일기가 싫은 이유는 귀찮고, 주제가 없을 때에는 곤란하기 때문이다. 앞으로 일기 쓰기 싫을 때는 "나 피곤해. 나 잘래." 하고 말할 것이다. 하지만 일기는 필요하다. 왜냐하면 기록으로 남길 수 있기 때문이다. 그런데 딱 한 가지 불만은 선생님이 검사를 한다는 것이다. 검사를 하지 않아서 마음대로 쓸 수 있는 일기가 좋단 말이다.

－학생 일기 중에서

아이는 독서일기 안에서 '세상에 일기 쓰기를 좋아하는 아이는 없을 것'이라고 단언하고 있습니다. 아이는 이미 일기 쓰기가 즐겁지 않습니다. 그런데 아이에겐 다 이유가 있습니다. 그냥 쓰기 싫은 날일 때, 쓸 만한 주제가 없을 때, 쓰려고 해도 지루해서 글을 이어나가기가 힘들 때, 선생님의 검사를 받아야 하기 때문에 억지로 쓸 때와 같은 경우들이 그러합니다. 일기를 쓰기 싫은 이유는 다양합니다. 그저 습관이 되지 않아서, 혹은 게을러서라고 판단해 버리기에는 복잡하고 다양한 사연들이 숨어 있습니다. 하지만 그 마음을 털어놓을 누군가를 만나지 못해서 아이들은 이렇게 일기 안에서라도 '일기를 쓰기 싫다'고 아우성을 칩니다. 이 또한 아이들이 삶의 스트레스를, 또는 일기 스트레스를 다루는 방법입니다.

일기 쓰기 숙제로 괴로워하는 아이의 일기를 보니 『일기 감추는 날』의 주인공인 동민이가 떠오릅니다.

나는 일기장을 펴 놓고 손톱만 물어뜯었다. 일기를 써야 하는데 그러기가 싫다. 요즘에는 별별일이 다 벌어졌는데도 일기로는 못 쓴다. 집안 일은 엄마 때문에 안 되고, 경수 일은 선생님 때문에 안 된다.

'일기가 세상에서 사라졌으면 좋겠다.'

다른 사람이 안 본다면 쓰고 싶은 것들은 있다. 내가 하고 싶은 이야기를 내 마음대로 해도 된다면 말이다. 그러면 못된 경수를 흉보고, 한 방 먹이는 그림도 그리고, 엄마 아빠가 싸우면 나도 무지무지하게 화난다는 거랑, 두 분이 싸울 때마다 나는 집을 나가 버리고 싶다는 걸 죄다 쓰고 싶다. 학원 다니기 싫다는 말도 쓰고, 경수보다 멋지게 울타리를 넘는 이야기도 꾸며 쓸 것이다.

하지만 어림없다. 어른들이 알았다가는 혼나기 딱 알맞은 것
들뿐이니까.

-황선미, 『일기 감추는 날』(이마주)[5] 중에서

초등학교 3학년 동민이는 일기에 본인의 억울한 사연과 불만을
늘어놓았다가 선생님과 엄마에게 꾸중을 듣습니다. 매번 일기 검사
를 받아야 하는 동민이는 이러지도 저러지도 못하고 고민에 빠져듭
니다. 어른들의 눈치를 보면서 일기를 써야 한다면 그건 아이에게 스
트레스가 몇 곱절이나 더 늘어나는 일이 될 겁니다. 어른들도 자신의
어린 시절을 떠올리며 일기 쓰기가 지닌 이런 안타까운 점도 생각해
보아야 하겠습니다.

---

5 『일기 감추는 날』은 일기 쓰기를 소재로 한 창작 동화입니다. 우리 어른들의 어린 시절 한 장면 같기
도 하고, 지금 우리 아이의 숨겨진 모습 같기도 합니다.

대화와
편지가 담긴 일기 🖊

일기를 쓸 때 있었던 일을 생생하게 남기는 가장 좋은 방법은 '대화를 옮겨 적는 것'입니다. 당시의 상황을 떠올려 보고 말한 사람의 말투와 표정을 떠올리며 대화를 적어 보는 과정에서 하루 중 어떤 장면이 온전하게 재생되기도 하고, 그때는 생각지 못했거나 느끼지 못했던 감정들을 일깨울 수도 있을 겁니다.

일기에 대화를 적는 것이 처음엔 어색하고 어렵게 느껴질 수 있습니다. 하루 중 일어났던 일에 대해 쓰면서 아주 간단한 대화 내용부터 옮겨 적어 보면 도움이 됩니다.

9월 27일 목요일, 비가 주룩주룩

실컷 늦잠을 자고 일어나서 엄마 은행일 보시는 데를 따라갔다. 은행 두 군데를 가고 나서 우체국도 갔다. 오늘 알았다. 우체국은 편지도 부치고, 소포도 부치고, 택배도 보내고, 은행 일도 한다는 것을. 엄마는 우체국에서 세금을 내셨다. 집에 돌아와서 나는,

"엄마, 나는 은행 일 복잡해서 안 할 거야."

그랬더니 엄마가,

"크면 다 할 수 있어." 하고 말했다. 그래도 은행 일은 너무 복잡해 보여서 하기가 싫다.

　　-채리의 일기

이렇게 대화가 들어간 일기를 시간이 흐른 후에 다시 읽어 보면, 당시의 상황이 더 생생하게 떠오르고 인물의 말투나 표정까지도 기억이 되살아납니다. 아이가 일상에서 가장 많은 대화를 나누는 사람은 아무래도 엄마일 것입니다. 그렇다면 엄마와의 대화 내용은 아이의 대화 글쓰기에 가장 중요한 재료가 될 수 있을 겁니다. 여기에 하나를 더한다면, 엄마와 나눈 대화 내용이 정겹고 아름다운 언어로 두고두고 남아 있다면 더욱 좋겠지요?

1944년 5월 16일 화요일

키티에게

오늘은 판 단 씨 부부가 벌인 말다툼을 소개할게.

아줌마: 독일군이 강하긴 강한가 봐요. 대서양을 굳건하게 지
　　　　키고 있고 영국군도 격파했다니 말이에요.

아저씨: 그 정도라면 결국엔 독일이 승리하는 게 아닐까?

아줌마: 그럴 것 같아요. 다른 결론이 나기는 어렵지 않겠어요?

아저씨: 이제는 당신 말에 대답하기도 귀찮아.

아줌마: 흥, 대답하지 않고는 못 배길 걸요? 당신은 내 말꼬리
　　　　를 잡는 게 취미잖아요.

아저씨: 그런 적 없어. 나는 꼭 필요한 때에만 대답했을 뿐이야.

아줌마: 그래도 늘 자기 주장이 옳다고 하잖아요. 항상 빗나가
　　　　는 예상만 하면서도 말이에요.

아저씨 : 빗나간 적 없어. (후략)

－안네 프랑크, 『안네의 일기』(지경사) 중에서

　안네가 워낙 글쓰기를 즐겨 했다는 사실은 익히 아는 바이지만,
이런 대화글이 등장하는 부분은 또 특별한 느낌을 줍니다. 안네와 늘
갈등을 빚었던 판 단 아주머니는 남편과 사이가 좋지 않았습니다. 그

런 두 사람을 가까이서 지켜보게 된 안네는 이들의 대화 속에서 일정한 갈등의 패턴을 찾은 상태이고 갈등의 원인에도 이미 익숙해져 있었을 것입니다.

이렇게 아이들에게 익숙한 대화의 틀을 가지고 있는 사람들을 글로 표현하는 것은 재미있는 작업입니다. 때로는 뜻하지 않게 아이의 대화글 일기 속에서 엄마나 선생님이 입버릇처럼 자주 쓰는 표현을 발견하게 될지도 모릅니다. 하지만 이 또한 관찰하고 표현하면서 아이의 글이 자라는 모습이라는 것도 기억해 주세요.

일기 속 대화는 이렇게 두 사람 이상이 실제로 주고받은 말을 옮기는 형태가 일반적이지만, 때로는 일기를 쓰는 본인 스스로나 그리운 대상에게 편지를 쓰는 형태로 나타나기도 합니다. 예를 들어 선생님이나 부모님, 친구에게 편지를 쓰듯 일기를 쓰는 것입니다.

우리들은 모두 선생님이 생각하시듯 괜찮게 살아가는, 괜찮은 제자들일 뿐이에요. 선생님께 보여드리는 일기에 솔직한 심정을 쓰는 애가 있다고 믿으신다면, 선생님은 세상에 둘도 없는 바보예요. 진짜로 일기를 쓰는 아이는 아마도 저 하나뿐일걸요. 제가 왜 그러는지는 저도 잘 모르겠어요. 외할머니가 뜨개질에 대해 하셨던 말씀이랑 같은 이치가 아닐까 싶어요. 일기를 쓰는

게 누구를 때리는 것보다 낫거든요. 조금이라도 누군가 이 일기를 읽는다는 생각이 드는 순간 바로 이 일기장을 없애 버릴 거예요.

-마거릿 피터슨 해딕스, 『이 일기는 읽지 마세요, 선생님』(우리교육)[6]중에서

일기의 주인공 티시는 늘 "읽지 마세요, 던프리 선생님"이라는 문구를 붙이고 일기를 시작합니다. 티시는 자신의 비참하고 절망적인 상황을 누구에게도 들키고 싶지 않아서 스스로를 가리듯 이렇게 일기를 씁니다. 선생님이 절대 일기를 읽지 않을 거라고 믿는 마음 한구석엔 선생님한테 편지를 쓰듯 일기에 털어놓으며 위안을 받기도 합니다. 안네가 키티에게, 미미가 제제한테 털어놓듯이 티시의 일기장 이름은 선생님이었는지도 모릅니다.

---

6 『이 일기는 읽지 마세요, 선생님』은 젊은 시절 기자 생활을 하던 작가가 일리노이의 한 학교에서 학생들을 가르치게 되고 일기를 쓰게 하면서 체험했던 내용을 기반으로 쓴 소설입니다. 학생의 일기체로 된 이 소설 안에는 간간이 선생님의 피드백도 곁들여 있습니다. 일기를 쓰는 것이 어려운 현실을 겪어내는 아이들에게 '믿을 만한 누군가에게 기대는 것'이 되기를 바라는 마음이 고스란히 느껴집니다.

비유가 살아 있는 일기 ✏️

일기를 쓸 때 하루의 일을 기록하다 보면 생각이나 느낌보다는 사실을 그대로 전달하는 데 치중하게 되는 경향이 있습니다. 하지만 그날 있었던 일을 빠짐없이 일기장에 담아내기보다 단 한 장면이라도 자기의 생각과 느낌을 자기만의 언어로 생생하게 표현한 일기가 더 의미 있는 글이 될 것입니다.

흔히 글이 풍성해지려면 비유를 많이 사용해야 한다고 하지요. 어떤 장면을 생생하게 글로 쓰려고 할 때, 비유적 표현을 사용하면 효과적입니다. 비유는 일기뿐만 아니라 다른 글쓰기를 할 때도 도움이 됩니다. 따라서 아이들이 일기를 쓸 때 비유적 표현을 사용하도록 지도해 주면 좋습니다. 물론 아이들이 처음부터 비유 표현을 매끄럽게 사용하기는 어려우므로 연습이 필요합니다.

7월 16일 임진일

새벽에 출발하니 기우는 달이 땅과 몇 척 정도밖에 떨어지지 않았다. 그 모습이 어슴푸레하고 황량하며 아주 둥글다. 계수나무 그림자가 성글게 서 있으며, 옥토끼와 은두꺼비를 손으로 만질 수 있을 것 같고, 달 속에 산다는 선녀의 얼음같이 흰 명주옷으로 아른아른 흰 살결이 비칠 것 같다. (중략) 아침 노을빛이 옅게 퍼져 들판의 나무를 가로로 덮어서 바르더니, 갑자기 천만 개의 기이한 봉우리로 변하여 뭉게뭉게 올라 용이 서리고 있는 듯, 봉황이 춤을 추는 듯 길게 천 리를 뻗친다.

　　　　　　　　　　　　　-박지원, 『열하일기』(돌베개) 중에서

위의 일기는 연암 박지원의 『열하일기』 중에서 '빠르게 달리는 역말[7] 위에서 구경을 하고 지나가듯 보고 느낀 것을 생각대로 썼다'는 「일신수필(馹汛隨筆)」[8]의 한 부분입니다. 연암 선생은 달리는 말 위에

---

7 조선 시대에 각 역참에 갖추어 둔 말. 관용(官用)의 교통 및 통신 수단을 말합니다.

8 조선 정조 때의 실학자 연암 박지원이 쓴 중국 기행문집인 『열하일기』는 총 26권으로 구성되어 있는데, 「일신수필」은 그중 제3권입니다.

서도 이렇게 풍부한 표현을 글에 담아낼 수 있는 사람이라서, 새벽달을 보면서도 아침노을을 보면서도 평범하지 않은 비유로 느낌을 살려냅니다.

하지만 우리가 원하는 것은 그렇게까지 거창한 수준은 아닙니다. 단지 아이가 자신이 생각하고 느낀 것을 구체적이고 솔직하게 종이 위에 담을 수 있기를 바랄 뿐입니다.

10월 4일 목요일, 선선함

제목: 신기한 도자기 공방 체험

민주와 도자기 공방 체험을 하러 갔다. 우리는 일부러 사람들이 많이 오는 주말을 피해 왔는데 공방 안에는 사람들로 시끌시끌했다. 민주와 내가 쓸 흙을 자리로 옮겨 오는데 나는 흙이 너무 무거워서 깜짝 놀랐다. 우리 집 컴퓨터보다도 훨씬 무거운 것 같았다. 밀가루처럼 뽀얗고 하얀 흙은 밀가루 반죽처럼 부드러웠다. 하지만 일단 손에서 마른 흙은 사포를 만지는 것처럼 거칠거칠했다. 이런 흙에서 선생님이 만들어 놓은 것 같은 유리 같은 그릇이 나온다는 것이 신기했다.

−학생 일기 중에서

앞의 학생 일기에는 도자기 체험을 하면서 가졌던 느낌들이 짧지만 생생한 비유로 나타나 있지요. 초등 저학년 아이가 다양한 수사법을 편하게 사용하기는 어렵습니다. 하지만 자기의 느낌을 충분히 살려 표현하기 위해서 흉내 내는 말이나 비유를 사용하면 편리하기도 하고 좋은 글을 쓸 수 있는 연습이 된다는 점을 알려 주면 좋습니다. 아이와 비유적 표현을 연습할 수 있는 놀이를 하나 소개해 드리겠습니다.

비유적 표현 연습해 보기

가

선생님
내 동생
수학 시간
일기
숙제
게임
용돈
시간
희망
떡볶이
편의점
지구

나

나뭇잎
지옥
마술사
풍선
쇠망치
선물
공기
연못
우주선
등대
샴푸
무지개

위의 표에서 ㉮와 ㉯에는 각각 열두 개의 단어들이 나열되어 있습니다. 단어들 사이에 정해진 연관성은 전혀 없습니다. 먼저 ㉮에서 단어 한 개를 고르고 ㉯에서 그 단어와 짝지으면 좋은 단어를 하나 고른 후, 두 단어를 이용하여 간단한 문장을 만듭니다. 그리고 만든 문장에 대해서 논리적으로 고개를 끄덕일 수 있을 만한 이유를 말하거나 풀어 써 보도록 합니다. 다음 대화를 통해 어떻게 활용하는지 살펴보세요.

엄마는 '선생님'이랑 '등대'를 골랐어. '선생님은 등대다.' 어때?

그게 무슨 뜻인데요?

등대가 바다에서 배들이 안전하게 길을 갈 수 있도록 빛을 내서 지켜주는 것처럼 모든 선생님들은 아이들이 안전하게 학교생활을 할 수 있도록 지켜주시는 분이니까.

아! 그럼 나는 '용돈은 풍선이다.'를 고를래요. 왜냐하면 용돈은 처음에 받았을 때는 큰 것 같았는데, 쓰다 보면 풍선에서 바람이 빠지는 것처럼 어느새 보이지 않게 되니까요.

마음에 확 와닿는걸! 그럼 이건 어때? '숙제는 우주선 같다.'

왜요?

우주선이 우리를 신기하고 새로운 별로 데려다주는 것처럼, 숙제를 열심히 하면 언젠가 너희를 멋지고 새로운 세상에서 살게 해 줄 테니까.

에이~ 그건 좀… 그럼 난 이걸로 할래요. '내 동생은 샴푸 같다.'

샴푸는 왜?

머리에 샴푸를 칠하면 자꾸자꾸 거품이 나는 것처럼 내 동생은 자꾸자꾸 날 귀찮게 해서 열 받게 하니까요.

그럼 이건 어때? '일기는 선물이다.' 하루를 돌아보며 쓰는 일기는 마음을 차분하게 해 주고 기분이 좋아지게 하니까. 그러니까 얼른 일기 쓰고 자렴!

사실 자기가 겪은 일 중에서 '한 가지에 대해 자세히 쓰는 연습'을 꾸준히 하면 아이의 글 쓰는 실력은 금세 향상됩니다. 그리고 아이들도 글을 쓰면 쓸수록 더 좋은 글, 아름다운 글을 쓰고 싶다는 욕심을 갖게 됩니다. 그래서 자기의 생각이나 느낌과는 상관없는 미사여구가 등장하기도 하고 어처구니없는 거짓말이 튀어나올 때도 있습니다. 비유를 통해 언어를 풍성하게 활용하고 느낌을 자세하게 표현하는 것은 좋지만 무엇보다도 아이가 자연스러운 글, 읽으면서 자연스럽게 그 장면이 그림처럼 떠오르게 하는 글, 살아 있는 글을 쓸 수 있도록 격려해 주세요.

자신의 관심사를
시로 표현하는 일기

일기에는 글쓴이가 무엇을 좋아하고 무엇을 싫어하는지가 잘 나타나야 합니다. 좋아하고 싫어하고의 문제는 지극히 개인적이기 때문에 일기처럼 사적인 글쓰기에 제격이기 때문입니다. 바꾸어 말하면, 만약 일기에 아이의 관심사가 제대로 표현되어 있지 않다면 현재 아이가 제대로 일기를 쓰고 있다고 보기 어렵다는 뜻입니다.

관심사는 '축구를 좋아하는 것', '미술 시간에 만들기를 좋아하는 것'처럼 공공연하게 모두가 알고 있는 내용일 수도 있고, '엄마와 아빠가 이혼한 것', '내가 우리 반 반장 원이를 좋아하는 것'처럼 비밀스러운 내용일 수도 있습니다. 자신의 관심사에 대해 기록할 때 아이들은 잠시 흥이 나기도 하고 때로는 우울한 노래를 부르는 것처럼 되기도 합니다. 다음 일기들처럼요.

(가) **[현수의 동시]**

엿

이빨에 붙어도 맛있는 엿

어떻게 들으면

욕 같네.

내가 내일 엿 준다고 하니

너나 엿 먹으라고 하는 친구들

엿이 얼마나 맛있는데…….

애들은 욕인 줄 아네.

욕이 아닌데 엿도 모르고

안 먹네.

엿을 줄 때 이상한 느낌으로

주면 안 되겠네.

(나) **[다은이의 일기]**

아빠

난 아빠가 없다. 그래서 매일 아빠가 보고 싶다. 그래서 난 매일 아빠가 밉다. 아빠가 어디 있는지 소식이 없다. 그래도 난 아빠가 정말 좋다. 언젠간 우리 아빠를 찾아서 꼭 껴안아 줄 거다.

-김용택, 『김용택의 교단일기』(문학동네) 중에서

(가) 현수의 동시는 글을 배치한 모양으로 보면 시가 맞지만, 편안하게 읽히는 게 산문 같기도 합니다. 반면 (나) 다은이의 일기는 분명 일기인데 시처럼 읽힙니다. 그래서 김용택 저자는 저학년에서 동시와 일기를 따로 구분하는 게 의미가 없다고 말했나 봅니다. 아이들의 글쓰기에는 자기가 좋아하는 것, 관심 있는 것이 꾸밈없이 드러나고, 바로 그 솔직함은 욕심 없는 시와도 같아서 아이들의 생활 자체를 보여 주는 시가 되기 때문입니다.

다음에 나오는 또 다른 학생의 일기에서는 금연 약속을 지키지 않는 미운 아빠와 담배를 피우는 미운 어른들에 대한 사행시가 눈에 띕니다. 삼행시나 사행시 같은 경우, 다음에 이어질 내용을 생각하며 조심스럽고 순발력 있게 풀어가야 합니다. 얼핏 보면 쉽고 엉뚱해 보이지만 나름의 메시지를 정확하게 전달하고 있어 재미있는 일기입니다.

제목: 약속

오늘 아침 TV에 담배를 끊어야 한다는 기사가 나왔다. 그래서 아빠가 담배를 안 피우신다고 약속하셨는데 아빠가 밖에서 담배를 또 피우셨다. 다음부터는 아빠가 약속을 잘 지키셨으면 좋겠다.

나의 한마디!

여러 어른들, 특히 아저씨들 담배 피우지 마세요. 왜냐하면 담배를 피우면 사람들에게 피해를 주니까요.

담: 담배 피우지 맙시다.

배: 배를 타도 담배 피우지 맙시다.

금: 금연입니다.

연: 연을 날릴 때도 담배 피우지 맙시다.

-준영이의 일기

너무도 매력적인
그림일기 🖊️

    초등 저학년 아이들이 쓰는 글의 형식 중에 가장 특이하고 재미있는 것이 바로 '그림일기'입니다. 그림일기는 말 그대로 아이의 그림과 글이 어울려 하나의 의미를 만들어 내는 독특한 글쓰기 방식입니다. 이 시기 아이의 그림일기를 잘 모아두면 정말 사랑스럽고 특별한 앨범 같은 작품집이 됩니다.

    그림일기는 장점이 많은 표현법입니다. 그림일기는 아직 글로 표현하는 것이 서투르거나 어려운 아이들이 그림을 통해서 부족한 이야기를 더 할 수 있게 만들어 줍니다. 저학년용 그림일기에 그림을 그리는 공간이 글을 쓰는 공간보다 훨씬 더 많이 할애되어 있는 것도 그런 이유에서입니다. 정해진 칸 안에 글자를 채워 쓰는 것이 익숙지 않은 아이들에게 널찍한 공간은 긴장감을 풀어 주는 이완의 장소이자 상상력을 담는 그릇이 됩니다.

아이들의 그림일기를 자세히 살펴보면 그림이 글의 내용과 똑같은 모습으로 채워지는 것은 아님을 알 수 있습니다. 물론 아이가 그림으로 표현하는 것에 특별한 재주가 있거나 하루의 일과를 일기에 빈틈없이 담아내고 싶어 하는 꼼꼼한 성격이라면 시간을 더 내서라도 작품 같은 그림을 완성해 내기도 할 것입니다. 하지만 대부분 아이들이 그림일기에 그리는 그림은 하루 중에서 가장 말하고 싶었던 순간이나 사물에 초점을 두는 경우가 많습니다.

그런데 이 편리하고 재미있는 그림이 때로는 아이에게 불편한 매체가 되기도 합니다. 얼마 되지 않는 글쓰기 칸을 싫어하는 아이가 있듯이 그림 그리기 칸이 달갑지 않은 아이도 있으니까요. 어른들은 아이들의 그림은 모두 다 예쁘다고 이야기하기도 하지만, 사실 같은 또래의 아이라도 그림에 대한 흥미나 재능, 혹은 연습 정도에 따라 개인차가 있을 수밖에 없는 부분이기도 합니다. 그러니까 그림일기는 아이마다 글씨가 서투를 수도, 문장이 어색할 수도, 그림이 부족할 수도 있는, 판단하기에 아주 복합적인 글쓰기라 할 수 있습니다.

다음 세 아이의 그림일기를 통해 그림일기를 어떻게 지도해 주면 좋을지 한번 살펴보겠습니다.

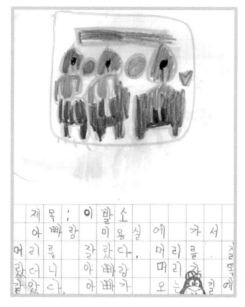

제목 ; 이 발소
아 빠 랑 미 용실 에 가서
머리를 잘 랐다 , 머 리 를 잘
랐더니 아 빠랑 머 리
같 았다 . 아 빠 가 오 는 길에

◀ 준영이의
그림일기

　준영이의 그림일기는 이발소에 아빠와 나란히 앉아 있는 모습을
그린 것입니다. 글에서 이발소에 다녀온 이야기라는 것을 확인하지
않으면 그림만으로는 내용을 파악하기 쉽진 않습니다. 이것은 일종
의 글 중심의 그림일기라고 할 수 있는데, 그림은 글의 제목이나 내
용을 알려 주는 최소한의 기호 역할을 하고 있습니다. 부모 마음에는
그림을 좀 더 보기 좋게 그렸으면 하고 바랄 수도 있습니다. 그러나
이 시기는 그림과 글 중에서 본인이 표현하기 쉬운 매체를 자유롭게
선택하고 익숙해져 가는 때이므로, 글을 통해서라도 자기가 표현하
고 싶은 내용을 더 자세하게 쓸 수 있도록 지도해 주시면 됩니다.

◀ 채리의
그림일기

　채리의 그림일기는 학예발표회에서 노래를 부르는 본인의 모습
을 그림책의 한 장면처럼 세심하게 담아내고 있습니다. 이때 그림은
전체 일기 내용 중에서도 본인의 모습에 초점이 맞춰져 있으며, 글에
서 충분히 표현하지 못한, 노래를 잘 부르고 싶었던 아이의 마음을
돋보기처럼 확대해서 보여 줍니다. 이런 경우 글의 분량을 길게 쓰지
않아도 그림을 통해 충분히 내용이 전달됩니다. 그런데 글을 보면 학
예회 전반에 대해 글감을 확보하고 있는데, 이때는 그림에 나타난 장
면을 글로 더 자세하게 풀어 쓰도록 지도해 주시면 됩니다.

◀ 진화의
그림일기

진화의 그림일기는 가족들과 부산에 다녀온 신나는 하루를 소개하고 있습니다. 길게 쓴 글을 통해서는 아이가 가장 즐거웠던 순간이 언제인지 정확히 알 수 없습니다. 하지만 그림 속의 아이가 모래성을 쌓고 만세를 부르며 기뻐하고 있는 모습으로 보아, 글에는 명시적으로 나타나 있지 않지만 아이가 가장 즐거웠던 순간이 이때임을 알 수 있습니다. 이런 경우 그림은 글을 보충해 표현하는 역할을 하고 있습니다.

이렇게 아이들은 그림일기 안에 글에 어울릴 만한 그림을 대략적으로 그려 넣기도 하고, 그림과 글이 상호 보완되게 구성하기도 하고, 가장 나타내고 싶은 장면을 그림으로 남기기도 합니다. 아이들 각자가 지닌 '그림일기'에 대한 판단과 성향에 따라 다른 모습을 보여 줍니다. 어떤 일기가 훌륭하고 어떤 일기가 부족하다기보다는 각각의 일기가 지닌 표현상의 특징이 다른 것입니다.

따라서 가정에서 그림일기를 지도할 때 글에 잘 나타나지 않는 장면은 그림에서 조금 더 자세하게 그려 볼 수 있도록 이끌어 주고, 그림에서 충분히 표현되지 않는 내용은 글에서 친절하게 설명해 줄 수 있도록 격려해 주세요. 글과 그림이라는 분리된 두 지면을 채우는 데 조바심 내지 않고 그날그날 아이가 더 쉽고 즐거운 표현 방법을 선택할 수 있도록 지도해 주면 됩니다.

다음에서 성향이 다른 두 아이의 그림일기를 보면서 이야기를 조금 더 해 볼까요? 먼저, 진화의 그림일기를 보시죠.

 제목: 농구

 아빠랑 형아랑 나는 농구를 하려고 나갔는데, 내가 아는 형아가 있었다. 그 형아는 아저씨랑 배드민턴을 하고 있었다. 우리가 뛰어가서 농구를 하자고 했다. 농구를 했는데 4 대 6으로 끝났다. 우리가 졌지만 그래도 기분이 좋았다. 다음에 열심히 해서 꼭 이기겠다.

 제목: 축구

 집에서 효자 초등학교로 갔다. 내려가다가 형아 친구에게 같이 하자고 했다. 내려가서 축구를 하다가 우리 형아가 4학년 형아와 같이 축구를 했다. 6 대 2로 우리가 졌다. 축구가 끝나고 집으로 가려 그랬는데 형아 친구들이 또 왔다. 축구를 하고 집으로 갔다.

제목: 인라인스케이트

　태권도장에서 인라인스케이트를 탔다. 근데 내가 넘어지는 순간 뒤에서도 넘어졌다. 뒤만 보고 가다가 계속 넘어졌다. 인라인스케이트도 못 타고 끝났다.

▲ 진화의 그림일기

　이 그림일기들을 쓴 진화는 운동을 좋아합니다. 농구, 축구, 인라인스케이트는 물론이고 몸을 활발하게 움직이는 활동이라면 무엇이든 관심이 많고 즐거움을 느낍니다. 그래서 다른 날보다 운동에 관련된 일기를 쓰는 날에는 그림이 더 역동적이고 색감도 밝습니다. 그림일기는 기본적으로 그림을 통해 그날 있었던 일 중 가장 중요한 장면이나 아이의 기분을 드러내지만 아이가 평소에 흥미를 느끼는 분야나 궁금한 분야에 대해서도 정보를 제공해 줍니다.

　이 그림일기의 그림들은 특히 사람 몸의 움직임을 효과적으로 보여 줍니다. 각 운동 경기가 지닌 특징을 잘 파악하여 나타내고 있으며, 전체적으로 그림의 배경보다 사람의 크기가 크게 표현되어 있습니다. 크게 그린다는 것은 자기가 표현하고자 하는 것에 대해 잘 알고 있다는 자신감의 표현입니다. 일반적으로 이 시기의 아이들은 축구장이나 농구장처럼 어떤 공간 안에 들어 있는 사람을 표현할 때 작게 그리는 경향이 있어서 구체적인 동작을 알아보기 힘든 경우가 많거든요. 밝고 선명한 색감은 그림의 상황에서 밝은 에너지가 생기며 즐겁게 참여하고 있다는 것을 반영합니다.

다만 그날그날 일기의 제목과 그림에서 표현하고 있는 것은 정확히 일치하는 데 반해, 그때그때 운동 경기가 진행되는 상황에서 본인의 생각이나 느낌은 많이 숨겨져 있다는 인상을 줍니다. 이 경우 아이에게 일기는 그날 있었던 일 모두를 간략하게 요약하는 것이 아니라, 그날 있었던 일 중에서 가장 기억에 남는 장면을 기록으로 남겨 두는 것이라는 점을 알려 주면 좋습니다. 단순히 농구를 하고 축구를 하고 인라인스케이트를 탔다는 기록에 그치지 않고, 농구를 할 때 어느 때 가장 신이 났는지, 축구를 할 때 화나는 순간은 없었는지, 인라인스케이트를 타다 넘어졌을 때 아프기만 했는지 창피하기도 했는지 등과 같은 이야기들을 좀 더 차분하게 풀어낼 수 있도록 엄마가 아이와 함께 이야기를 나누어 보면 좋을 것입니다.

그때그때 기분 좋은 것과 나쁜 것에 대해 정확하게 자신의 감정을 표현하는 것은 중요합니다. 불필요하거나 나쁜 감정을 해소하고, 상황에 대처하는 스스로의 모습에 대해 돌아보고 자기 자신과 소통하는 기회를 만들어 주기 때문입니다.

다음은 채리의 그림일기입니다. 이 그림일기들을 쓴 채리는 인물에 대해 표현하는 것을 좋아합니다.

제목: 경찰관 아저씨의 말씀

경찰관 아저씨 두 분이 우리 반에 오셨다. 하늘색 옷과 남색 바지를 입은 경찰관 아저씨 중에 한 분은 친구들과 사이좋게 지내고, 함부로 쓰레기를 버리지 않아야 한다고 말씀하셨다. 또 다른 한 분은 선생님이랑 상담을 하셨다. 어쨌든 이야기는 참 지루했다.

제목: 친절한 존 선생님

영어 학원에 존 선생님은 친절하다. 애들이 뭘 물어보면 아주 친절하게 대답해 주신다. 그래서 애들도 모두 존 선생님을 아주아주 좋아한다. 존 선생님은 아주 친절해서 인기가 많다. 그런데 선생님들은 무엇이든지 잘하지만 존 선생님은 훨씬 훨씬 더 무엇이든지 잘한다. 하지만 장난기도 많으시다.

제목: 구립 어린이 도서관

엄마 손을 잡고 구립 어린이 도서관을 갔다. 가 보니까 책이 엄청나게 많아서 떨리기까지 했다. 마치 책나라에 온 것 같았다. 엄마가 내가 볼 수 있는 책들을 골라 주셨고, 그중에서 내 맘에 드는 그림책 한 권을 골라 가지고 갔던 독후감 노트에 멋진 그림을 그려 놓았다. 도서관 문 닫을 시간이 돌아와서 아주아주 섭섭했다.

▲ 채리의 그림일기

채리의 그림일기는 경찰관 아저씨와 외국인 선생님, 그리고 엄마와 자신의 모습을 각기 인물의 특징을 잡아 그림으로 재미있게 표현하고 있습니다. ㉮에서 바른 자세로 정면을 보고 있는 경찰 아저씨는 눈에 띄게 선명한 캐릭터처럼 보입니다. 하지만 글을 읽어 보면 뻔한 이야기를 지루하게 들려준 사람입니다. 그림에서 보여 주던 기대감을 여지없이 깨버리는 캐릭터이죠. 그래서 재미있습니다.

㉯에는 외국인 영어 선생님의 모습과 행동이 잘 드러납니다. 선생님들은 원래 무엇이든지 잘하는 사람들이지만, 존 선생님은 훨씬 더 무엇이든지 잘하는 사람이라는 확신이 찬 표현이 눈에 띕니다. 존 선생님은 거기에 더하여 아이들의 기분에 맞추어 장난도 쳐 주는 선

생님이니 최고의 선생님이라고 평가받는 것이지요. 그림에서 존 선생님 이외의 다른 사람은 보이지 않습니다. 장소가 학원이니 같이 수업을 듣는 친구들이나 본인의 모습이 함께 나올 만도 하지만 아이의 시선이 선생님에게 온전하게 집중되어 있었기 때문입니다. 다른 친구들과 선생님에 대한 마음을 나누고 싶지 않은 아이의 심리도 살짝 엿보입니다.

㉐에서는 도서관 테이블에 앉아 있는 엄마와 아이의 표정이 익살스럽게 그려져 있습니다. 책나라에 온 것 같았다고 표현한 것처럼 그림은 온통 책으로 빼곡하게 채워져 있습니다. 하지만 그런 거대한 책나라에서도 본인의 모습은 절대 작아지지 않았습니다. 공간이 아이를 압도한 것이 아니라, 아이가 공간 안에서 만족감을 느끼고 자신을 공간과 어울리는 일부로 인식하고 있기 때문입니다. 만약 도서관에서의 체험이 즐겁지 않았다면 도서관이라는 커다란 배경 안에서 인물은 조그맣게 묘사되었을 것이고, 도서관에서 책과는 무관한 다른 일에 몰두해 있었다면 배경은 도서관인지 여부를 정확히 알 수 없도록 표현되었을 것입니다. 이렇게 그림 속에서 배경과 인물의 모습은 그 비율에 따라 아이가 장소에 대해 느끼는 친밀도에 대한 정보도 제공합니다.

초등 저학년 시기에 다른 사람에 대해 관심을 갖고 특징을 관찰해서 자신만의 표현법으로 나타내 보는 것은 중요한 체험입니다. 이 그림일기를 쓴 채리는 사람에 대해 관심이 많고 그림을 그릴 때 인물

위주의 표현법을 선호합니다. 다만 지루함, 친절, 섭섭함 같은 감정들은 추상적인 개념이라서 그림으로 나타내기 어렵기에 글로 표현되는 것이 더 효과적입니다. 경찰관 아저씨의 말씀은 어떤 면에서 지루했는지, 목소리가 잘 들리지 않아 그랬는지, 이미 다 아는 내용이어서 재미가 없었던 것인지, 너무 오래 말씀을 하셔서 그랬던 것인지 등의 내용이 글에서 나타났더라면 훨씬 생동감 있는 쓰기가 되었을 것입니다. 존 선생님은 어떤 행동이나 말을 했기에 친절하다고 생각하게 되었는지, 아이들과 어떤 장난을 칠 때 즐거운지, 또 엄마가 골라 준 책들은 어떤 책이었고 그중 내가 고르고 독후감에 남긴 책은 무슨 책이었는지에 대해 엄마가 아이와 함께 자세히 이야기를 나눠보면 좋습니다. 일기를 쓰기 전에, 혹은 일기를 쓴 후에 이런 과정을 여러 번 거치고 나면, 아이는 이후에 글을 통해 더 적극적으로 자기를 표현하고 효과적으로 소통하는 방법을 스스로 찾아 나가게 될 것입니다.

일기를 쓰는 분량,
습관과 태도 🖊

"너는 왜 일기 쓰기 숙제만 자꾸 빼먹는 거니?"

선생님이 짜증스러운 표정으로 말했다. 한동안 사라지지 않았던 일기 내용이 또 사라진 거다. 나는 어제 피아노 학원에 다녀온 뒤 일기를 썼다. 하지만 내 일기장이 또 일기를 먹어 버렸다. 도대체 내 일기장은 왜 가끔 일기를 삼켜버리는 걸까? 글씨를 썼던 자리에는 연필 자국도 남아 있지 않았다. 일기를 써 가지 않으면 억울하게 혼나는 것은 물론이고 남아서 청소도 해야 한다.

　　　　　　　　　-송미경, 『일기 먹는 일기장』(사계절)[9] 중에서

---

[9] 『일기 먹는 일기장』에서 주인공 지민이는 애써 쓴 일기가 종종 흔적도 없이 지워져 곤란을 겪습니다. 일기 쓰기 싫은 날, 우리 아이들의 일기도 혹시 일기장이 먹어 버린 건 아닌지 생각해 보며 아이와 함께 읽어 보세요.

일기 쓰기 싫은 날엔 일기장의 빈 곳이 좀처럼 채워지지 않습니다. 열심히 쓴 것 같은데 선생님에게 검사를 받기에는 터무니없이 부족한 분량일 때도 자주 있습니다. 누군가 아이가 쓴 일기를 싹싹 지워버렸거나 마치 『일기 먹는 일기장』에 나오는 지민이처럼 일기장이 일기를 먹어 버린 것은 아닐까요?

사실 꼭 길게 쓴 일기만이 칭찬받을 일기인 것은 아닌데, 많은 아이들이 일기의 분량 때문에 스트레스를 받습니다. 일기를 쓰는 분량은 정해진 것이 없습니다. 그때그때 상황에 따라 한 줄 일기를 쓸 수도 있고, 두세 장이 넘어가는 긴 일기를 쓸 수도 있습니다. 매일매일의 생각과 행동이 다르듯이 일기의 분량도 그때그때 다를 수밖에 없습니다. 그런데 학교에서는 보통 아이들에게 한 바닥을 꽉 채워서 일기를 써 오라고 하는 경우가 많습니다. 그림일기인 경우에도 그림 공간에는 반드시 그림을, 글을 쓰는 공간에는 글씨를 꽉꽉 채워 오라고 합니다.

물론 하루에 한 번씩 자기의 생각을 일정한 분량의 글로 쓰는 연습을 오래 하다 보면, 논리적으로 생각하는 습관을 기를 수 있고 자기의 생각을 글로 표현하는 것에 자신감을 가지고 글쓰기를 할 수 있는 능력도 키울 수 있습니다. 하지만 아이가 일기의 분량 채우는 것에 힘들어한다면, 때로는 아이의 생각처럼 일기장이 아이의 일기를 먹어 버린 것은 아닐까 하고 같은 마음으로 생각해 주셔도 좋을 듯합니다.

다음은 글의 분량을 조금씩 늘려가기 위해 아이와 해 보면 좋은 활동입니다.

글의 분량을 쭉쭉 늘리는 1-2-3 글쓰기

학년이 올라가면 아이가 자연스레 긴 글을 쉽게 쓸 수 있게 될 것이라고 믿고 계신 학부모님들이 많습니다. 하지만 글쓰기는 시간이 흘러도 크게 변하기 힘든 부분이라는 것이 아픈 현실입니다. 어른이 되어서도 짧은 인사글, 간단한 편지글 하나를 쓰는 데도 온종일 고민하게 되는 경우가 많다는 걸 떠올리면 쉽게 이해할 수 있습니다. 사실 머릿속에 있는 것을 빠짐없이 그대로 옮겨 담을 수만 있어도 크게 힘들이지 않고 글쓰기를 할 수 있을 것만 같습니다. 그러나 생각이 진행되는 속도는 말을 하거나 글을 쓰는 속도보다 놀라울 만큼 빠르기 때문에 생각하는 속도에 맞춰 그 내용을 받아 적는다는 것은 매우 어려운 일입니다. 하지만 시간 단위를 좁혀 본다면 크게 어려운 것도 없습니다. 다음에 소개드리는 1분 쓰기, 2분 쓰기, 3분 쓰기를 활용해 보세요.

⏳ 1분 쓰기

1분 쓰기는 말 그대로 1분 동안만 쓰는 것입니다. 가령 '오늘 아침'이라는 글의 제목이 주어졌다고 생각해 보세요. 그러면 여러분의 머릿속에는 오늘 아침에 일어났던 여러 가지 일들이 떠오르기도 하고, 특정 장면이 떠오르기도 할 것입니다. 이렇게 떠오르는 여러 가지 생각들을 문장이 아닌 단어로 투박하게 적어 봅니다. 단, 머릿속에서 생각하는 소리에 귀를 기울이고 집중해서 쉬지 않고 받아 적어야 합니다. 지금부터 시작!

> 아침 식탁, 엄마 잔소리, 시계, 준비물, 화장실, 신발주머니, 건널
> 목, 보안관 아저씨, 자습시간, 게임기, 담임 선생님, 일기장, 조회,
> 졸림, 배고픔, 쪽지시험, 종소리…

이제 그만! 1분 동안 머릿속에 떠오르는 것들을 쉬지 않고 쭉 적었으면 됩니다. 하지만 이런 단어들이 잘 떠오르지 않아서 때로는 다음과 같은 단어 나열이 되었을 수도 있을 겁니다.

> 1분 쓰기, 오늘 아침, 생각 안 남, 재미없다, 모르겠다, 나만 그런
> 가?, 뭘 쓰지?, 아직도 멀었나?…

그래도 괜찮습니다. 1분 동안 자신의 머릿속에 떠오르는 말들을 쉬지 않고 받아 적을 수만 있다면 족합니다. 1분 쓰기에서 '오늘 아침'을 떠올릴 몇 가지를 건져낼 수 있었다면 다음 단계로 넘어갑니다.

⌛ 2분 쓰기

이제 시간을 조금만 더 늘려 보겠습니다. 2분 동안 쉬지 않고 써 보도록 하지요. 이번에는 단어도 좋지만 가능하다면 문장도 섞어서 적어 보도록 합니다. 다시 한번 강조하지만, 머릿속에 떠오르는 생각을 쉬지 않고 받아 적어야 합니다. 머릿속에서 생각하는 소리, 글을 쓰느라 사각거리는 소리가 멈추지 않아야 합니다. 이번 주제는 '우리 아빠'입니다. 그럼, 시작!

> 신문 보는 모습, 낡은 구두, 축구 경기를 좋아한다, 주말에는 나
> 와 자전거를 탄다, 이발소에도 같이 간다, 어제는 술을 드시고 늦

게 들어오셨다, 술을 드시면 기분이 좋아진다, 용돈도 많이 주신다, 그래도 뽀뽀는 싫다

이제 그만! 생각한 것을 그대로 쓰는 연습이 어떤 것인지 조금씩 알 수 있겠지요? 이렇게 2분 동안 받아 적은 내용들을 이번에는 문장으로 한번 정리해 볼까요?

우리 아빠는 내가 보았을 때 늘 신문을 보고 계실 때가 많습니다. 신발장에 벗어놓은 신발 중에서 가장 낡은 신발이 아빠 신발이었던 것 같고요. 축구 경기가 방송되는 날이면 모든 일을 잊고 TV를 보십니다. 그래도 아빠는 주말이면 나와 자전거도 같이 타고 이발소에 함께 가서 머리도 깎습니다. 그런 아빠가 어젯밤에는 술을 드시고 늦게 들어오셨습니다. 아빠가 술을 드시고 오시는 날이면 기분이 좋아지십니다. 그래서 용돈도 많이 주십니다. 정말 신나는 날입니다. 하지만 뽀뽀는 정말 질색이에요. 용돈은 좋지만 뽀뽀는 안 하셨으면 좋겠어요.

어떤가요? 적어 놓은 내용을 정리하니 제법 그럴듯한 글이 되었네요. 이제 시간을 조금만 더 늘린다면 좀 더 풍성한 이야깃거리를 만들 수 있겠지요?

⏳ 3분 쓰기

이제 제한 시간은 3분, 방법은 같습니다. 1분 쓰기보다 시간은 세 배로 늘어났지만 1분 쓰기, 2분 쓰기로 연습이 되었다면 3분까지 버틸 수 있는 시기도 곧 옵니다. 단, 3분 동안 절대 생각하는 것도 쓰는 것도 쉬면 안 된다는 점은 기억하시고요. 이번 주제는 '이번 주말에 하고 싶은 일'입니다. 지금부터 시작!

놀고 싶다, 온라인 게임도 하고 싶다, 선생님이 주말에는 숙제를 안 내 주셨으면 좋겠다, 이번 토요일에는 혁이와 피시방을 가기로 했는데, 엄마가 할머니 댁에도 다녀와야 한다고 그랬는데, 할머니 댁에 가면 진돗개 순돌이를 볼 수 있다, 순돌이를 우리 집에서 키울 수는 없을까, 귀여운 녀석, 주말이 빨리 왔으면 좋겠다, 할머니 댁에서 저녁까지 있으면 게임을 할 시간이 줄어드는데, 대신 토요일에 학원을 빠질 수 있을지도, 재미없는 수학 학원, 재미없는 선생님, 혁이가 다니는 수학 학원으로 옮길까, 학원 숙제 많다, 주말이 기다려진다, 기다려지지 않는다, 기다려진다, 아니다, 모르겠다

이제 그만! 어떤가요? 3분이 생각보다 그렇게 많이 긴 시간은 아니지요? 3분이 지나도 생각이 계속 쏟아져나올 때도 있습니다. 그렇더라도 일단은 3분에서 끊어 보기로 하겠습니다. 그럼 이제 3분짜리 메모를 다시 줄글로 다듬어 볼까요?

주말에 하고 싶은 것은 많지만 무엇보다도 나는 놀고 싶다. 온라인 게임도 실컷 하고 싶다. 그러니까 이번 주말에는 선생님이 숙제를 안 내 주시거나 아주 조금만 내 주시면 좋겠다. 사실 토요일에 혁이와 피시방에서 함께 게임을 하기로 했는데 엄마는 할머니 댁에 다녀와야 한다고 하셨다. 할머니 댁에 가면 컴퓨터가 없어서 게임을 할 수가 없다. 그래서 저녁 늦게까지 있는 날이면 게임을 할 시간이 거의 없을 때도 있다. 그래도 어쩌면 토요일에 수학 학원에 빠질 수 있을지도 모른다. 수학도 재미없고 수학 학원 선생님도 재미가 없다. 숙제도 많이 내 준다. 혁이가 다니는 수학 학원은

선생님이 재미있다고 하던데 나도 그리로 옮기고 싶다. 그 점은 섭섭하지만 그래도 할머니 댁에 가면 진돗개 순돌이와 놀 수 있어서 좋다. 순돌이는 나를 잘 따르고 정말 귀엽다. 우리 집에 데려와서 키우고 싶을 정도로 귀엽다. 이번 주말이 기다려진다. 아니 학원에 가야 하고 게임도 할 수 없다면 기다려지지 않는다. 기다려지는지 기다려지지 않는지 헷갈린다.

이렇게 정리해서 다시 써 놓고 보니 상당히 달라 보이지요? 3분 쓰기를 할 때 적어 놓았던 말들의 순서를 바꾸어 정리하기도 하고, 대충 적은 것을 조금 더 자세하게 풀어 쓰기도 하는 과정에서 글의 분량도 늘고 표현도 자연스러워집니다. 3분 동안 끄적여 놓은 메모가 없었다면 불가능했겠지요. 물론 이렇게 늘어난 글 안에는 주제와 관련 없는 내용이 들어가기도 하고 어색한 표현이 포함되기도 합니다. 그러나 그런 것들은 한두 번 더 읽어 보면서 충분히 고쳐 나갈 수 있으니, 우선은 일정 분량을 일정 시간 안에 만들어 내는 글쓰기 방법으로 활용해 보기를 권합니다.

아이는 쓰는 시간을 1분씩 늘려가면서 깨닫지 못하는 사이에 쓰기의 분량도, 생각을 표현하는 기술도 늘어나게 됩니다. 3분 쓰기가 가장 바람직하다는 것이 아니라, 그때그때 글을 쓰는 분량이나 시간, 상황에 따라 1분이나 2분, 혹은 3분을 자유롭게 선택하여 융통성 있게 사용하면 됩니다. 아이들의 집중력은 상황에 따라 변화가 많으므로 1분 쓰기를 여러 번 해서 분량을 만들 수도 있고, 2분 쓰기나 3분 쓰기를 거듭하며 이야기를 이어갈 수도 있습니다. 물론 글로 정리할 때에 그 안에서 많은 부분들이 버려질 수 있습니다. 하지만 괜찮습니다. 필요할 때 1분, 2분, 3분 쓰기를 활용할 줄 알게 되면 금세 또 쓸거리를 찾아낼 수 있을 테니까요.

소리 내어 생각하기|Think Aloud

지금까지 설명한 1분 쓰기, 2분 쓰기, 3분 쓰기의 가장 바탕이 되는 방법은
'소리 내어 생각하기(Think Aloud)'입니다. '소리 내어 생각하기'는 원래 아이가
책을 읽으면서 드는 생각의 내용을 중얼거리게 하여 아이의 머릿속에서 일어나
는 독해 과정을 평가하기 위한 방법으로 쓰입니다. 흔히 '사고구술법' 혹은 '프
로토콜(Protocol)'이라는 명칭으로 불리기도 하지요. 말 그대로 해석해 보면 '시
끄럽게 생각하는 것'으로, 다시 말해 생각은 속으로 일어나기 때문에 원래 밖으
로는 아무 소리가 나지 않지만 그 생각의 볼륨을 키워 소리가 나게 만들어 주는
것과도 같습니다. 자기의 머릿속에서 생각하는 내용을 최대한 글로 받아 적어
본다고 생각하면 순간적으로 잊기 쉬운 것들을 글로 남겨둘 수 있을 테고, 자기
생각을 더 정확하게 알 수도 있겠지요?

앞서 예로 든 2분 쓰기 과정에서 소리 내어 생각한 내용을 한번 자세히 적어
볼게요. '우리 아빠'를 주제로 하는 2분 쓰기는 다음과 같은 '소리 내어 생각하
기'의 과정을 통하여 나온 것입니다.

제목: 우리 아빠

우리 아빠? 아빠는 늘 아침에 거실에서 신문을 보고 계시지. 그리
고 내가 방에서 나오면 늘 날 보고 웃으셔. 그리고… 아빠는 축구
를 좋아하고, 맞다. 지난 월드컵이 한창일 때는 밤새도록 거실에
서 TV를 보고 아침엔 소파에서 꾸벅꾸벅 졸고 계셨어. 아빠는 아
무도 못 말리는 축구광이야. 그리고 또… 아빠 하면 떠오르는 건…
아, 맞다. 아빠가 자전거를 가르쳐 주셨어. 한동안은 아빠랑 자전

거 타는 주말이 정말 좋았는데. 또⋯ 나랑 이발소에도 같이 가고⋯ 참, 어제는 술을 드시고 늦게 들어와서 엄마가 잔뜩 화가 나 있었어. 아빠는 왜 술을 드시는 걸까? 그래도 술을 드시는 날은 잘 웃으시고 기분도 좋으신 것 같아. 나한테 용돈도 넉넉히 주시니까. 술을 마시면 정말 기분이 좋아지는 걸까?

 정해진 시간 동안 받아 적는 것이 어렵다면 녹음을 해 보는 것도 좋습니다. 스마트폰의 녹음기를 켜고 정해진 시간 동안 혼잣말을 하듯이 시끄럽게 생각하도록 해 주세요. 그리고 그 내용을 다시 받아 적고 한 편의 글로 완성하도록 도와주세요.

일기 쓰기에서 일기의 분량을 채우는 문제는 생각보다 큰 부분을 차지하기도 합니다. 사실 일기 쓰기를 분량만으로 평가하는 것은 문제가 있지만, 아이에게 분량을 채움으로써 성실함을 길러 나가기를 바라는 부모와 선생님의 간절한 마음이 들어 있다는 점도 알려 주세요.

A: 좋아. 이렇게 많이 쓰다니 정말 흐뭇하구나. 일기를 통해 네 마음의 짐을 덜 수 있었으면 좋겠다. 네 나이쯤 되면 사는 게 무척 버겁게 느껴질 때가 더러 있다는 걸 나도 알아. 무언가를 고스란히 글로 담아내는 일이 무척 도움이 될 거야.

B: 티시, 이번에는 세 편뿐이지만 첫 번째 일기를 무척이나 길게 썼으니, 어쨌거나 만점을 줘야겠다. 다음에는 네 편을 쓰도록 해 봐. 알겠지?

C: 티시, 좋아. 잊지 않고 제때에 제출해서 기쁘구나! 네 일기를 어서 다시 읽게 해 주지 않으련?

  -마거릿 피터슨 해딕스, 『이 일기는 읽지 마세요, 선생님』(우리교육) 중에서

일기 쓰기를 숙제로 내 주는 던프리 선생님은 아이들에게 선생님

이 읽기를 원하지 않는 일기 앞에는 '이 일기는 읽지 마세요'라는 문구를 쓰라고 합니다. 던프리 선생님이 정말 아이의 일기를 읽지 않았는지는 알 수 없습니다. 다만 이 일기들 안에서 던프리 선생님은 철저하게 아이와의 약속을 지키면서, 일기의 분량에 대한 내용만으로 성실하게 피드백을 진행하고 있습니다. 그렇다면 아이는 정말 그런 문구를 적어놓은 날의 일기는 선생님이 절대 읽지 않는다고 믿고 있었을까요? 그것 역시 모르겠습니다. 다만 그렇게 믿고 싶은 마음이 강했던 한편으로 '선생님, 이 일기는 꼭 읽어 주세요. 그리고 모른 척해 주세요'라는 메시지가 숨어 있었던 것은 아닐까 하는 생각이 문득 떠오를 뿐입니다. 그리고 이런 무언의 메시지가 우리 아이들의 일기에도 때로 들어 있는 것이 아닐까 하는 생각이 듭니다.

일기를 쓸 때만큼은 아이들이 자신을 많이 사랑하고 소중하게 생각했으면 좋겠습니다. 마치 아래에 나오는 한비야의 글에서처럼 말이지요.

이런 말 하면 웃을지 모르지만 난 내가 마음에 든다. 다른 사람과 비교해서 잘났다거나 뭘 잘해서가 아니라 그냥 나라는 사람의 소소한 부분이 마음에 든다는 말이다.

우선 나는 내가 한 씨라는 게 마음에 든다. 공 씨거나 노 씨거나 변 씨면 어쩔 뻔했나. 공비야, 노비야, 변비야보다 한비야가 백번 낫지 않은가. 나 씨, 단 씨, 왕 씨였다면 나비야, 단비야, 왕비야가 되었을 텐데, 이 이름도 좋긴 하지만 역시 비야는 한비야가 딱이다.

내가 셋째 딸이라는 것도 마음에 든다. 최 진사 댁 셋째 딸을 비롯, 셋째 딸은 선도 안 보고 시집간다는 등 셋째 딸에 대한 근거 없이 좋은 이미지 덕을 보기도 한다. 게다가 언니가 둘이나 있다는 게 얼마나 큰 재산이며 호강인지……

내 얼굴도 마음에 든다. 날 좋아하는 독자가 아닌 다음에는 두 번 쳐다볼 일 없는 평범한 얼굴이지만 내 얼굴을 보면 반가워서 배시시 웃음이 나고, 밤새 일을 해서 피곤하고 지친 얼굴을 보면 "아이, 착해. 애썼다!"라는 말이 절로 나온다.

-한비야, 『그건 사랑이었네』(푸른숲)[10] 중에서

나의 이름, 나의 가족, 내 얼굴… 어느 것 하나 마음에 들지 않는

---

10 『그건 사랑이었네』는 세계 곳곳의 오지를 누비면서 도전과 봉사를 실천해 온 한비야가 차분하게 자신의 이야기를 풀어낸 에세이입니다. 어느 부분에서는 마치 그녀의 일기를 엿보는 느낌도 들고 때로는 비장한 자서전 같은 느낌도 듭니다. 그녀가 어디를 가든 늘 일기장을 가지고 다니고 수첩에 생각나는 것을 적어두는 행동들이 이렇게 밝은 글을 쓰게 만들어 준 원동력이 된 것이 아닌가 싶습니다.

것이 없는 한비야의 긍정적 에너지는 글을 읽는 사람을 기분 좋아지게 만듭니다. 그리고 아마 작가 자신도 이렇게 쓰면서 흐뭇한 미소를 짓고 있었을 겁니다. 글을 쓸 때, 특히 자기의 모습을 담아내는 글을 쓸 때는 다소 과장되더라도 솔직하고 자신감 있게, 다른 사람을 의식하지 말고 용기 있는 목소리로 생각을 적어내면 좋겠습니다. 일기는 매일 쓰는 것이 좋다고 말하는 것은 매일매일 자기에 대해 솔직하게 이야기하는 습관을 기를 수 있기 때문입니다. 그렇게 일기를 쓰면서 현실을 감당하는 힘을 얻고 세상을 이해하게 되며 자라기 때문입니다.

다양한 형태의 일기

Unit 2에서는 생활일기의 범위를 좀 더 확대하여 다양한 형태의 일기들을 함께 살펴보려고 합니다. 관찰일기와 실험일기는 국어 시간보다는 과학 시간에 주로 쓰겠지만 제한된 지면에서 글을 구성하고 본인이 알게 된 것, 혹은 생각과 느낌을 쓰는 것은 기본적으로 같습니다. 이 일기들에는 '일지'라는 명칭을 같은 의미로 사용하기도 하지요. 의미상 큰 차이는 없지만, '일기'라고 하면 보통 매일매일의 생활을 되돌아보고 생각을 정리하는 일상적인 일기를 뜻하는 경우가 많고, '일지'라고 쓸 때는 관찰일지나 실험일지와 같이 일정 기간 동안 주제나 내용의 연속성을 가지고 일이나 상황 등의 변화와 결과를 기록하는 경우가 많습니다. 그 외에도 아이들의 삶 속에서 다양하고 생생한 현장들을 기록하는 방법들을 살펴볼까요?

자연과 가까워지는
관찰일기 ✏️

관찰일기는 어떤 대상을 정해 관찰한 내용을 시간이나 날짜의 진행에 따라 기록한 글을 말합니다. 주로 일정한 기간을 정하여 관찰하고자 하는 대상을 주의 깊게 살펴보면서 일어나는 현상이나 변화를 객관적인 입장에서 서술해 나가게 됩니다.

초등 저학년에는 주로 식물이나 곤충의 관찰일기 같은 것을 많이 쓰는데, 관찰하는 대상의 변화를 가시적으로 드러내기 위해 그림을 그려 넣거나 사진을 찍어 첨부하는 방식을 사용합니다.

다음은 초등 3학년 학생이 작성한 〈강낭콩 관찰일기〉의 일부입니다.

관찰 일시: 6월 3일 (수)

날씨: 더워요

식물 이름: 강낭콩

관찰 장소: 우리 집 베란다

관찰 내용 및 느낀 점: 아! 드디어 꽃이 피었다. 꽃망울의 크기가 아주 작은 것을 보니, 강낭콩 꽃의 크기가 좀 작을 것이라는 것을 짐작할 수 있다. 많은 식물들의 열매는 꽃이 난 자리에서 생겨난다. 이 상황에서 보면 꽃이 피었던 자리에 강낭콩의 꼬투리가 조금 있으면 생길 것 같다.

관찰 일시: 6월 5일 (금)

날씨: 햇빛이 셈

식물 이름: 강낭콩

관찰 장소: 우리 집 베란다

관찰 내용 및 느낀 점: 며칠 전에 예상했던 대로 꽃이 핀 자리에 강낭콩의 꼬투리가 생겼다. 꼬투리에 강낭콩 하나하나가 생길 자리에 울퉁불퉁하게 표시되어 있다. 강낭콩의 잎들이 언제나 초록색이고 시들어 쪼그라든 것이 없어야만 꼬투리가 생기는 줄 알았다. 하지만 잎들이 시들어 쪼그라들어도 건강한 잎들끼리 꽃을 피워 열매를 맺는다는 것을 알 수 있었다. 나는 그런 강낭콩이 마냥 신기하기만 하다.

관찰 일시: 6월 7일 (일)

날씨 : 흐림

식물 이름: 강낭콩

관찰 장소: 우리 집 베란다

관찰 내용 및 느낀 점: 아무리 지켜보아도 강낭콩은 더 이상 키가 자라지 않는다. 하지만 꼬투리들은 아침에도 자라고, 저녁에도 자란다. 몇몇 아기 꼬투리들은 내 새끼손가락만큼도 되지 않고 가늘다. 점점 노란색과 갈색 잎사귀들이 늘어나고 있다. 엄마는 꼬투리들이 다른 잎사귀들이 먹을 양분을 뺏어 먹기 때문이라고 하셨다.

▲ 3학년 학생의 관찰일기

식물 관찰일기에서는 관찰할 식물의 명칭, 관찰 일시, 관찰 장소 등 기본적인 형식이 정해져 있는 경우가 많습니다. 관찰 대상이나 목적에 따라 조금씩 다른 형식을 사용하기도 하지만, 기본적으로 스스로 본 것을 솔직하게 해당하는 항목에 적는다고 생각하면 무리가 없습니다. 본문에는 관찰한 내용과 느낌을 주로 씁니다. 관찰한 내용은 최대한 객관적으로 서술해야 하는데, 식물이 변화를 보인 부분을 자세하게 풀어 쓰도록 합니다.

위의 관찰일기는 오랫동안 강낭콩을 끈기 있게 지켜보면서 그 변화 지점을 정확히 찾아 서술하고 있습니다. 꽃이 피었던 자리에 콩 꼬투리가 맺히는 것, 콩이 생길 자리에 울퉁불퉁하게 자리가 나는 것, 다른 잎사귀들이 시들어 가는 동안에도 콩 꼬투리가 자라는 것 등은 관찰 활동을 통해 아이가 직접 확인한 내용입니다. 그동안 이론으로만 알고 있던 사실을 실제로 확인하면서 갖게 되는 생각이나 느낌은 아이 안에 체화된 지식으로 자리 잡게 됩니다.

이런 관찰일기는 관찰 대상에 대해 초기 현상부터 마지막 현상까지 인내심을 가지고 지켜보는 것이 전제되어야 합니다. 그리고 정해진 서식에 따라 그때그때의 상황을 솔직하고 자세하게 기록해야 합니다. 그래서 관찰 과정에서 식물 주변의 햇빛이나 물, 양분에 관련된 정보도 자세히 쓰는 것은 물론, 며칠이 지나 키가 몇 cm나 자랐는지, 열매의 크기와 길이는 어느 정도 되는지, 줄기나 잎사귀의 색은 어떻게 변했는지 등이 생생하게 드러나면 좋습니다. 다음은 관찰일기와는 성격이 살짝 다르지만 비슷한 맥락에서, 주말농장에서 체험한 것을 일기 형식으로 써놓은 것입니다.

<u>7월 셋째 주 일요일, 오늘은 감자 캐는 날</u>

햇볕이 강해지고 더위가 심해지면서 안 나오는 사람들이 많아졌다. 그 때문에 농장이 지저분해지고 분위기도 썰렁해졌다. 안 나오는 사람들 밭의 배추들은 잡초와 함께 자라 왕배추가 되었다. 그러면 잎이 질겨져 먹기 힘들다고 한다. 열무와 상추도 다 자라서 꽃이 피었다.

감자를 캐느라 한나절을 다 보냈다. 흙 속에서 시꺼먼 감자가 줄줄이 나왔다. 장갑 낀 손으로 쓱쓱 닦아주니 노란 감자가 되었다. 어라? 하얀 꽃이 피었는데 아니 노란 감자가 나왔네.

10월 첫째 주 일요일

10월이 되자 바람이 쌀쌀해지기 시작했다. 오늘은 지난 6월에 심은 고구마를 캐기로 하였다. 그동안 고구마 순만 따먹었는데 드디어 고구마를 먹을 수 있게 되었다. 우선 고구마 줄기를 낫으로 모두 걷어 낸 뒤 호미로 땅을 파 고구마를 캤다. 절반밖에 캐지 않았는데도 우리가 일 년을 먹어도 남을 정도로 엄청나게 많은 고구마가 나왔다. 여러 사람들과 나눠 가졌더니 좀 아까운 마음도 들었지만 우리가 부자가 된 것 같아 뿌듯했다.

－신혜원, 『어진이의 농장 일기』(창비)[11] 중에서

---

[11] 『어진이의 농장 일기』는 도시 생활을 하는 작가가 아이와 주말농장을 한 경험을 담아 만든 책입니다. 아이의 일기 형식을 띠고 있긴 하지만, 식물이 자라는 모습이나 다룰 때 주의할 점 같은 것을 만화와 그림으로 쉽게 풀어놓은 것이 특징입니다.

이렇게 한 해 동안 가족과 어울려 밭을 가꾸고, 꼬박꼬박 기록하면서 농부의 마음을 조금이나마 알아갈 수 있다면 이만큼 훌륭한 일기도 없겠지요? 쉽지는 않겠지만, 이런 내용에 대해 아이와 함께 대화를 나누면서 관찰일기나 주말농장일기를 쓸 수 있다면 일기에도, 자연에도 훨씬 더 가까워질 수 있을 것입니다.

과학의 원리를 체득하는
실험일기 ✏️

실험일기는 실험한 내용을 기록한 일기로, 대개 과학에 관련된 이론이나 현상을 관찰하거나 필요한 수량을 측정하고 기록합니다. 이미 알려진 현상이 실제로도 같거나 비슷하게 일어나는지, 혹은 현상에 대해 예측했던 결과가 일치하는지 여부를 확인하는 내용으로 구성되는 경우가 많습니다. 실험일기는 실험 보고서라는 명칭을 사용하기도 하는데, 이는 실험일기가 아이들이 스스로 작성하고 보관하면서 관리하기보다는 선생님께 제출하고 실험 과정과 내용을 올바르게 기술했는지 평가 받는 과정을 중요시하기 때문입니다.

실험일기는 일반적으로 실험 보고서의 제목, 실험의 목표, 실험 참가자(모둠이 함께 한 실험일 때), 실험 준비물, 실험 순서, 실험의 결

〈양팔 저울 만들기 실험 보고서〉

1) 실험 준비물

나무젓가락, 셀로판테이프, 30cm 자, 가위, 펀치, 클립, 상자(받침대), 200ml 우유갑

2) 실험 순서

① 실험 준비물을 모두 준비한다.

② 상자 가운데에 나무젓가락으로 구멍을 뚫어, 구멍에 나무젓가락을 세로로 기둥처럼 세워 셀로판테이프로 고정시킨다.

③ 고정된 나무젓가락 위에 또 다른 하나의 나무젓가락을 이어 붙인다.

④ 자를 가로로 해서 위에 있는 젓가락의 꼭대기에서 3.5cm 밑으로 내려가 테이프로 고정시킨다.

⑤ 클립 2개를 펴서 자의 양쪽에 고정시키고, 우유갑을 1/3 정도의 크기로 자른다.

⑥ 자른 우유갑 양쪽의 위에 펀치로 구멍을 뚫어 실로 연결한 다음 클립에 건다.

⑦ 양팔 저울이 수평이 되는지 확인한다.

3) 어려웠던 점

나무젓가락을 고정시키기 힘들었다. 비타500 상자를 받침대로 썼는데 나무젓가락의 길이가 짧았다. 나무젓가락을 이어 붙였는데 그것도 힘들었다. 더 긴 나무 막대기를 준비할 걸 하고 후회했다.

4) 알게 된 점

챙겨온 준비물을 잃어버려서 힘들었다. 준비물을 잃어버리지 말고 재료는 여유 있게 준비해야겠다. 더 긴 막대기도 준비하면 좋겠다. 다음부터는 준비물을 준비할 때 더 깊이 생각해 보아야겠다.

▲ 4학년 학생의 실험일기

과, 실험 관련 그림이나 사진, 실험 후의 느낀 점과 자기 평가 등의 내용으로 이루어집니다.

이 실험일기는 4학년 과학 시간에 일상 재료를 이용해서 양팔 저울을 만들었던 내용을 담고 있습니다. 실험일기는 실험에 대한 본인의 일기로서 기록하느냐, 혹은 제출하고 평가받기 위한 자료로서 기록하느냐에 따라서 그 형식과 내용이 달라질 수 있습니다. 또한 아이들의 연령이나 수준에 따라서도 작성하는 항목이나 방법이 달라질 수 있습니다. 이 실험일기는 선생님이 정해준 항목에 따라 학생이 기록한 것입니다. 준비물이나 실험 순서 등은 교재에 나와 있는 내용을 그대로 옮기거나 선생님이 내 주신 자료를 활용하기도 합니다. 그렇게 옮겨 써 보는 과정에서도 실험 과정을 확인하거나 내용에 익숙해지는 효과가 있으니까요.

저학년 시기에 쓰는 실험일기는 첫 항목인 실험 준비물을 쓰는 것만으로도 뿌듯한 감정을 느낄 수 있습니다. 실험 준비물은 처음에 준비한 재료를 모두 적고, 중간에 필요에 의해 추가된 재료나 사용하지 않은 재료까지 빠짐없이 적어 보도록 합니다. 실험 순서는 원래 정해진 순서에 맞게 적어 보고 그 과정에서 실수나 오류가 있었다면 표시해 두고, 실험 후 감상에서 풀어 써 보도록 합니다. 어려웠던 점과 알게 된 점은 한 번에 써도 무관합니다. 다만 실험 과정에서 부분적으로 알게 된 현상이나 느낌 등은 앞쪽에, 실험 전반을 통해 든 생각은 뒤쪽에 정리할 수 있도록 지도해 주세요.

여행의 즐거움을 기록하는
여행일기 ✎

여행일기는 여행을 다니면서 있었던 일을 날짜별로 기록한 글을 말합니다. 특별히 정해진 양식은 없으며, 여행의 목적이나 쓰는 사람의 취향에 따라 중요한 장소와 사건, 흥미로운 현상 등을 자유롭게 씁니다.

1936년 9월 26일
아침에는 예정대로 기제의 '피라미드'와 '스핑크스'를 찾으려고 아홉 시쯤 되어서 이집트의 수도 '카이로 시' 이집트 박물관 근방에 있는 여관 '호텔 비에노이즈'를 떠났다.

'샤리아 쿠브리' 네거리에서 전차를 타고 한참 교외로 나간다. 다음에 나일강의 지류를 따라 강변으로 전차가 달아나는데 거기는 집 채만큼 한 이름 모를 아프리카 대륙의 고목들이 가지에서 그 이상한 뿌리를 내려서 땅에 기둥이 되고 그 속은 작은 방 안같이 되어 보인다. 양 떼는 그 가에 몰려 있고 또 가난한 이집트 여인들이 남루(襤褸)[12]를 입은 양으로 그늘에 앉아 있는데 대개 맨발이 많다.

　　　－정인섭, 「이집트 여행」 중에서

정인섭의 이집트 여행기는 언제 읽어도 그 장면이 눈에 선하게 들어옵니다. 작가의 노정을 따라, 시선을 따라 함께 움직이다 보면 다음 목적지가 궁금해집니다. 단순히 여행일기로 분류하기보다는 스케일이 큰 기행일기 또는 장편 기행문이라고 하는 편이 더 어울릴 듯합니다. 이러한 기행문은 여행에서 거치는 '여정', 여정에서 보고 들은 것에 해당하는 '견문', 그리고 이런 여정과 견문을 통해 본인이 느낀 '감상'이라는 세 가지 요소가 필수적으로 들어가는 특징이 있습니다. 그렇다고 여정이나 견문, 감상 중에 어떤 한 가지 요소가 빠져 있다고 해서 기행문이 될 수 없는 것은 아닙니다. 다만 여행일기 혹은 기행일기라고 칭

---

12 남루(襤褸): 낡아 해진 옷

하고 있긴 하지만, 기행문은 일기와 달리 자기의 체험을 쓰면서도 독자를 의식해 쓰는 글이라는 데 차이가 있습니다. 따라서 글을 쓰는 사람은 독자가 어떤 사람인지도 생각해야 하고, 독자에게 어떤 내용을 알려 주고 싶은지도 정해 두고 써야 합니다. 그래야만 기행문을 통해서 효과적인 표현 방법, 소통 방법을 찾아갈 수 있으니까요.

우리 가족은 중국에서 가장 유명한 '남상 만두점'으로 갔다. 제일 맛있는 만두는 '샤오롱바오'[13]였다. 샤오롱바오를 내가 '진물 만두'라고 이름을 지었다. 샤오롱바오는 먹을 때 젓가락으로 만두를 콕 찔러서 고기즙이 나오게 해야 맛있고 쉽게 먹을 수 있다. 그런데 만두를 콕 찌를 때 나오는 물이 꼭 애벌레의 진물 같기 때문이다. 그래도 맛은 좋았다. 버스를 타고 저우좡으로 갔다. 저우좡까지 가려면 1시간 30분이 걸린다. 이곳에서 제일 유명한 음식은 완산티[14]다. 완산티는 돼지 무릎으로 만든 고기라고 한다. 그래도 완산티 맛은 장조림 같다. 그런데 맛있게 생기지는 않고 똥같이 생겼는데 색깔은 고동색에 가깝다. 냄새는 좀 이상하다.

  -채리의 여행일기 중에서

---

13 샤오롱바오(小籠包): 작은 대나무 찜기에 쪄낸 육즙이 진한 중국식 만두
14 완산티(萬三蹄): 돼지 허벅지를 소스에 졸여 짭짤하고 단맛이 나게 만든 중국식 족발 요리

이 여행일기는 특이한 먹거리를 체험한 것을 중심으로 쓰여진 것입니다. 아이의 눈높이에서 생각해 보면, 여행지에서 새로운 것을 받아들일 때 음식만큼 좋은 소재도 드뭅니다. 물론 아이의 성향에 따라 지역 특산물에 관심이 많을 수도, 지역의 역사나 인물에 흥미를 가질 수도 있습니다.

초등 저학년에서 '여행일기'라는 형식은 따로 요구되지 않으며, 일상적인 일기를 쓰면서 여행지에서 있었던 일을 자연스럽게 끼워 넣는 형식을 취하기도 합니다. 요즘엔 학교 수행평가나 방학 과제로 여행일기나 보고서 같은 것을 종종 활용하기도 합니다. 아이들은 여행지를 돌아보면서 좋아하는 맛집 탐방기를 쓰기도 하고 사진 찍기 좋은 핫플레이스를 찾아 사진 여행기를 만들어 보기도 합니다. 또는 블로그에 올리거나 영상으로 만들기도 하죠.

초등학교에서 여행일기는 감상문 쓰기로 분류되기도 하고 보고서 쓰기로 분류되기도 합니다. 여행일기를 쓰면서 그 지역에서 찾을 수 있는 다양한 즐거움을 알게 되고, 이를 다시 풍부하게 표현할 수 있게 되었으면 합니다.

답사로 견문을 넓히는
견학일기 ✏️

　견학일기란 어떤 장소를 직접 방문하여 보고 그곳에서 알게 된 지식과 느낀 점을 날짜별로 적어 기록하는 형식의 글입니다. 일이나 사건의 중심이 되는 장소에 직접 가서 조사한 내용을 기록한다는 의미에서 '답사기'라는 용어를 사용하기도 합니다.

　견학일기는 방문한 장소가 여행지라면 여행일기와 겹치는 부분이 있고, 식물원이나 동물원이라면 관찰일기와 겹치는 부분도 생길 수 있습니다. 그 경계를 정확히 나누는 것은 중요하지 않습니다. 다만 관심을 둔 현장에 계획을 세워 방문하고 직접 눈과 귀로 확인한 것을 기록한다는 점에서 일종의 계획적인 글쓰기이며 객관적·사실적 글쓰기가 중심이 된다는 점을 강조할 수 있겠습니다.

·견학 일시: 8월 21일

·견학 장소: 충남 공주시 마곡사

마곡사에 다다르자 정면에 라마 형식의 5층 석탑이 눈에 띄었다. 이러한 석탑은 세계적으로 세 개 정도밖에 안 남았다고 한다. 탑의 모서리가 둥글고 탑 위는 쇠로 만든 작은 탑 모양의 것을 이고 있는 모양을 하고 있다. 이 석탑은 마곡사의 상징이라는 느낌을 주었다. 그리고 라마 형식의 다른 건축물들이 어떤 모습을 지니고 있는지도 궁금해졌다.

마곡사 5층 석탑(보물 제799호), 영산전(보물 제800호), 대웅보전(보물 제801호), 대광보전(보물 제802호), 이 네 가지의 보물들을 둘러싸고 마가 스님은 우리의 숙소를 하나의 커다란 승방으로 정해 주셨다. 영산전에서는 마가 스님께서 수도하는 모습을 뵈었고, 우리가 절에 막 도착했을 때는 대웅보전으로 올라가 부처님께 인사를 드렸다. 마곡사는 다른 절들과는 달리 대웅전이 두 개 있다. 그런데 대광보전은 특히 아이가 없는 사람들이 자손을 보게 해 달라고 비는 곳이라고 한다. 그런데 우습게도 나와 친구들은 대광보전에 가서 108배를 하였다. 나는 이 절들을 보고 무거운 느낌이 들었다. 쾌적한 공기를 둘러싸고 있는 지붕들을 가지고 있는 불당들은 마치 하늘이 내려다보는 것 같다.

　-준영이의 견학일기 중에서

예술의 전당「오르세 미술관 전시회」에서

미술관 안은 약간 어두웠고 사람들이 많아서 줄 서서 가다시피 관람했다. 많은 그림들 중에서 내가 마음에 들었던 작품은 먼저, 드가의 '오페라좌의 관현악단'이다. 이 그림은 무대에서 발레리나들의 모습이 눈부시다. 또, 밀레의 '만종'을 보면 느낌이 좋다. 사람이 있는 곳은 좀 어둡지만 뒤에 있는 햇빛 때문에 그림이 쓸쓸하게 느껴진다. 광고에서 많이 보았던 마네의 '피리 부는 소년'은 실제로 보니 소년의 모습이 더 멋지게 보였다. 그 밖에도 기억에 남는 그림들은 모네의 '용플뢰르의 눈 덮인 길 위의 수레', 르누아르의 '줄리 마네(고양이를 안고 있는 아이)'와 반 고흐의 '아를의 반 고흐의 방'이다. 그리고 크로스의 '저녁의 미풍', 시냐크의 '우물가의 여인들', 베르나르의 '양산을 쓴 브르타뉴의 여인들'이다. 또 루소의 'M부인의 초상'은 그림이 크고 검은색 옷을 입어서 무서운 느낌을 준다. 드니의 '파란 바지를 입은 아이'에서는 어떤 부인이 열고 있는 창문에서 빛이 내가 오는 쪽까지 비쳐 오는 것 같다.

-채리의 견학일기 중에서

초등학생들의 견학일기는 다른 일기류와 쉽게 구분되는 편입니다. 앞의 예에서 볼 수 있듯이 일상에서 벗어나 미리 계획된 특정한 장소에 가서 보고 들은 것을 중심으로 쓰기 때문입니다. 준영이의 견학일기는 마곡사 견학을 목적으로 처음부터 계획되어 있었습니다. 이 글이 기행일기였다면 마곡사 가는 길의 풍경이나 만난 사람들, 출발 전후의 설레는 마음 같은 것들이 더 상세하게 나타났을지도 모릅니다. 하지만 준영이의 글은 정확하게 마곡사에서부터 시작되고 마곡사 안에 있는 요소들을 재료로 채워지고 있습니다. 특정한 장소에서 보고 들은 것을 시간의 흐름에 따라 분석하듯 써 내려가는 것도 견학일기의 주된 방법 중 하나입니다.

채리의 견학일기도 오르세 미술관 전시를 관람하는 것을 목적으로 하여 쓰여진 것입니다. 미술관 내부로 들어온 순간부터 글이 시작되고, 내부의 많은 그림들은 견학일기 안에서 분석할 대상이 되었습니다.

따라서 견학일기를 쓸 때는 글을 쓰고자 하는 주제가 담긴 장소를 먼저 정하고, 그 장소에서 어떤 내용들을 어떤 순서로 볼 것인지에 대해 미리 계획을 세워두면 더 정돈된 글을 쓸 수 있습니다.

편지 같은 일기,
일기 같은 동화 🖉

　이번에는 일기는 아니지만 '일기'라는 쓰기 형식을 빌려 전혀 다른 글쓰기를 만들어 내는 매력적인 글들을 살펴보려고 합니다. 이런 글들을 많이 읽고 흉내 내어 써 보면 일기 쓰는 기술도 늘고, 동시에 글쓰기 능력도 향상시킬 수 있습니다.

<u>1942년 6월 20일 토요일</u>

　…… 그래서 이 일기장을 선택한 거지. 내가 오랫동안 기다려 온 친구를 눈앞에서 보기라도 한듯 일기장에다 모든 사실을 구

구절절 털어놓지는 않을지도 몰라. 대신 이 일기장을 내 친구로 삼아서 '키티'라고 부를 거야. 그러면 내가 무심코 키티라고 말한다 해도 내가 무슨 말을 하는지 아무도 모르겠지.

재미있을지 모르겠지만 내 이야기를 간단하게 해 볼게. (후략)

−안네 프랑크, 『안네의 일기』(보물창고) 중에서

『안네의 일기』는 독일 출신의 유대인 소녀 안네 프랑크가 남긴 실제 일기입니다. 예민하지만 사랑스러운 사춘기 소녀 안네가 일기장에 '키티'라는 이름을 붙여 주고 마치 키티에게 이야기를 하듯, 편지를 쓰듯 글을 써 나갑니다. 일기가 솔직하게 나를 드러내고 스트레스 해소를 위해서도 필요한 것이라면, 그 대상을 만들어 두는 것은 좋은 방법이 됩니다.

다음에 소개하는 『미미의 일기』도 이와 비슷합니다. 미미는 자신의 일기장에 '제제'라는 이름을 붙입니다. 그런데 '남자인지 여자인지 구분도 잘 되지 않는 외모'를 가진 주인공 미미가 일기장인 제제에게만큼은 자신이 '아주 우아한 얼굴과 몸매를 지닌 성숙하고 지성적인 소녀'라고 소개합니다. 일기장은 나의 말이라면 팥으로 메주를 쑨다고 해도 찰떡같이 믿어 주는 든든한 친구라고 생각하니까요.

4월 13일 생일날 밤 9시, 창밖을 보니 별이 총총합니다

제제.

사실을 말하자면 지금 제 마음은 너무 슬프답니다.

저는 아마도 불행한 운명의 별 아래 태어난 소녀인 것만 같아요. 그것도 아니라면 저를 질투하는 마녀가 수정구슬로 저를 감시하고 있다가 불행을 주는 건지도 모르지요.

왜 웃으세요?

그래요, 차근차근 말씀을 드릴게요.

아시다시피 오늘은 제 생일이었지요. 아침에 저는 우리 할머니가 끓여 주신 맛있는 미역국을 먹고 모처럼 일찍 일어나선 아빠에게 **뽀뽀**를 하고 학교로 갔어요.

큰길로 나서서 학교 쪽으로 돌아서려고 하는데, 갑자기 눈앞이 하얗게 변하면서 아득한 느낌이 들었어요.

　　-공지영, 『미미의 일기』(주니어김영사)[15] 중에서

이렇게 일기와 친구가 되는 방법을 선택함으로써 아이들은 자신

---

15 『미미의 일기』는 열 살 미미가 '제제'라 이름 지은 일기장에게 편지를 쓰듯 일상을 털어놓는 형식으로 이루어진 동화입니다. 부모님의 이혼과 재혼, 새로운 가족에 대한 불안함, 그리고 학교생활에서의 일상적 갈등 속에서 일기를 쓰며 위안을 얻고 성장해 가는 아이의 모습을 그리고 있습니다.

의 이야기를 털어놓기도 하고 마음을 정리하기도 하고 다른 사람을
이해하는 방법을 배워가기도 합니다.

> 오늘은 아빠 월급날이다. 또 아빠 생신이기도 하다. 그래서 우
> 리 가족은 밖에서 외식을 하기로 했다. 나와 엄마는 아빠를 만
> 나러 가기 위해 전철을 타고 아빠가 일하시는 병원으로 갔다.
> 도대체 얼마만의 외식인지 모른다. 아빠는 종합병원에서 일하
> 신다. 그렇게 말하면 사람들은 먼저 의사냐고 묻곤 한다. '병원
> 에는 의사만 있나? 청소부, 주방 아줌마, 경비 아저씨도 있지.'
> 우리 아빠는 병원에서 수술하는 환자들의 머리카락이나 털을
> 깎아주는 이발사이시다. 하긴 아빠가 하얀 가운을 입고 병실을
> 왔다갔다 하면 내가 보기에도 꼭 의사같이 보인다.
>
> ─문선이, 『양파의 왕따 일기』(푸른놀이터)[16] 중에서

『양파의 왕따 일기』는 왕따를 소재로 한 동화책인데, 글의 중간중
간 주인공 정화의 일기 같은 글들이 등장합니다. 동화 안에 일기의

---

16 『양파의 왕따 일기』는 초등학교 4학년 정화가 학교에서 왕따 문제를 겪으면서 좋은 친구란 어떤 것
인가에 대해 고민하고 성장하는 과정을 담은 동화입니다. 일기 형식을 띠고 있는 것은 아니지만 마치
주인공이 일기를 쓰듯이 자신의 이야기를 털어놓는 식으로 이야기가 진행되는 특징이 있습니다.

형식을 들여오면 아이들은 읽으면서 마치 누군가의 일기를 훔쳐보는 것 같은 흥미로움을 느끼게 됩니다. 그래서 많은 작가들이 일기나 자서전 형식을 빌려 소설을 쓰기도 합니다.

어제 일만 해도 그렇다. 우리 집의 커다란 유리창 앞에 있는 푸성귀들 사이로 똥똥하니 살집이 있는 시커먼 파리 한 마리가 윙윙거리며 돌아다니고 있었다. 야나 아주머니가 그런 성가신 파리나 모기들을 좋아하지 않아서 나는 그놈을 잡으려고 했다. 그런데 그때 그놈의 파리가 아둔하게 구는 바람에 꽃이 넘어지고 화분이 깨졌다. 나한테는 사실 아무 책임도 없는데, 나는 걸레로 귀때기를 얻어맞고 똥똥한 파리 녀석은 손끝도 대지 않았다니까!

　　　　　　　-유리 브레잔, 『개의 일기』(오늘의책)[17] 중에서

월요일

그래, 그래. 내가 나쁜 놈이다. 내가 새를 죽였어. 하지만 난 고양이인걸 어떡해. 깜찍하고 사랑스러운 아기 새들이 이 울타

---

17 『개의 일기』는 닥스훈트 키프코가 낯선 부부의 집에서 지내게 되면서 새로운 환경에 적응해 가는 이야기입니다. 개가 일기를 쓸 수 있다면 이런 상황을 이렇게 표현하지 않았을까 하고 생각이 들 만큼 개의 입장에서 생생하게 쓰여 있습니다.

리에서 저 울타리로 파닥파닥 날아다닌다고 생각해 봐. 그럴 때 녀석들을 살금살금 쫓아다니는 것. 그게 바로 내가 하는 일이라고. 그 조그마한 녀석이 제 발로 내 입에 포르르 뛰어드는데 나더러 어쩌란 말이야? 사실 그 녀석은 하마터면 내 앞발에 부딪힐 뻔했다고. 그랬으면 난 엄청나게 다쳤을걸.

　　-앤 파인, 『킬러 고양이의 일기』(비룡소)[18] 중에서

『개의 일기』와 『킬러 고양이의 일기』는 지금까지 보아 온 일기 형식과는 조금 다른 독특한 시점을 보여 줍니다. 일기를 쓰는 주체가 귀여운 반려견 닥스훈트와 말썽꾸러기 고양이거든요. 개와 고양이도 할 말이 참 많은 모양입니다. 작가는 스스로 주인공 닥스훈트와 고양이가 되어 그날그날의 사건 사고와 억울한 사연들을 전합니다.

　아이들이 이와 같은 글을 읽고 다른 사람이나 동물의 입장이 되어 글을 써 보는 것도 좋은 체험이 됩니다. 나 아닌 다른 누군가가 되어 글을 써 보면 그 대상을 이해하기 쉬워집니다. 엄마는 아이의 일기를, 아이는 엄마의 일기를 바꾸어 써 보는 것도 재미있을 것 같습니다.

---

18 『킬러 고양이의 일기』는 말썽꾸러기 고양이 터피가 자기 주변에서 일어났던 일들에 대하여 일기를 써 나가듯 이야기를 풀어 가는 구조로 된 동화입니다. 터피가 보여 주는 생생하고 익살스러운 상황 표현은 읽는 이들에게 금세 '내가 고양이라면…'이라고 가정하고, 감정이입할 수 있도록 만들어 줍니다.

목요일

노란 양동이는 늘 있던 자리에 그대로 있었어요. 아기 여우는 양동이에 물을 가득 길어다가 근처 나무뿌리에 정성껏 뿌려 주었어요. 마음속으로는 집에 있는 사과나무에도 물을 뿌려 주고 싶었지요. 아기 여우는 빨갛게 익은 사과를 노란 양동이에 담아 아기 토끼랑 아기 곰에게 갖다 주는 모습을 떠올렸어요. 그러고는 혼자서 빙그레 웃었어요.

토요일

맑게 갠 햇살 아래에서 노란 양동이는 반짝반짝 빛나 보였어요. 아기 여우는 양동이를 뒤집어 고여 있는 물을 쏟아냈어요. 그러고는 나무 막대기를 주워다가 양동이 바닥에 "여우, 이여우 돌"이라고 이름을 쓰는 시늉을 했어요.

−모리야마 미야코, 『노란 양동이』(현암사) 중에서

『노란 양동이』에는 아기 여우가 숲속에서 예쁜 노란 양동이 하나를 발견하고, 일주일 동안 매일매일 하루도 빠짐없이 지켜보면서 지낸 과정이 애틋하게 담겨 있습니다. 일기는 아니지만 요일별로 이야기의 단위가 나뉘어 있고 노란 양동이와 아기 여우를 중심으로 사건의 범위가 제한되어 있습니다. 그래서 이런 이야기 구조를 지닌 동화를 읽고 나서 비슷한 식으로 이야기를 만들어 써 보는 것도 도움이 됩니다. 일주일간 누군가를 유심히 관찰하면서 글을 쓰는 방법도 있고, 어떤 사물에 대해서 내가 가지고 있는 생각의 변화를 일주일 동안 빠짐없이 써 보는 방법도 있습니다. 그럼, 이런 건 어떨까요?

보고 싶은 엄마, 아빠, 할머니

행복해서 가슴이 터질 것 같아요! 오늘 아침에는 유난히 이 도시가 아름다워 보입니다. 비밀 장소는 언제든지 짐 외삼촌에게 보여드릴 수 있게 만반의 준비가 되어 있습니다. 오늘이 독립기념일이어서 정오에는 가게를 닫을 거예요. 그런 다음에 외삼촌을 옥상으로 모시고 갈 거예요. 저는 엄마, 아빠, 할머니께서 저에게 가르쳐주신 아름다움을 다 담아내려고 노력했습니다.

1936년 7월 4일

모두에게 사랑을 담아서, 리디아 그레이스

추신: 벌써 외삼촌이 웃는 모습이 그려집니다.

-사라 스튜어트, 『리디아의 정원』(시공주니어) 중에서

『리디아의 정원』에서 리디아는 떨어져 있는 가족들에게 마치 일기를 쓰듯 편지를 씁니다. 리디아의 편지를 읽다 보면 할머니, 엄마, 아빠에게 늘 솔직하고 다정한, 밝은 성격을 지닌 여자아이의 목소리가 들리는 것만 같습니다. 사실 리디아가 살고 있는 시대적 배경은 경제 대공황으로 모두가 어려운 시절입니다. 직장을 잃고 형편이 어려워진 아빠와 엄마는 리디아를 도시에서 빵집을 하는 외삼촌에게 맡긴 것이죠. 하지만 메마른 도시의 옥상에서도 리디아는 자기만의 밝은 에너지로 꽃을 피우고 무뚝뚝한 외삼촌의 얼굴에도 웃음꽃이 피게 만듭니다. 열두 통의 편지를 읽다 보면 리디아의 일상이 일기보다 더 섬세하게 그려집니다.

이런 일기 같은 동화를 읽다 보면 마치 친구의 일기를 들여다보고 있는 것처럼 친근한 느낌을 갖게 됩니다. '다른 친구들은 나처럼 화가 날 때 어떻게 해결할까?', '다른 친구들도 나처럼 아팠던 적이 있을까?' 궁금해지기도 합니다. 이런 궁금증을 풀기 위해서는 친구들의 일기를 보는 것이 가장 속 시원한 방법이겠지만, 다른 사람의 일기를 함부로 엿볼 수는 없죠? 그런데 당당하게 친구들의 일기를 읽어 볼 수 있는 방법이 있습니다. 바로 아이들의 일기를 모아 출판한 '일기 모음집'을 읽으면 됩니다. 또래 친구들이 쓴 다양한 일기들을 많이 만나 보면 마음 편하고 자유롭게 일기를 쓰는 방법에 익숙해질 수 있을 테니까요.

Part 2

독서일기 쓰기

　　　　　독서일기는 흔히 '독후감', '독서감상
문'이라고도 불리며, 생활일기와 더불어 초등학생 아이와 엄마가 가장 스트
레스를 받는 쓰기 과제입니다. 더구나 독서일기는 책 읽기와 글쓰기가 한 세
트처럼 묶여 있어서 읽기와 쓰기에 대한 고민이 한꺼번에 밀려오는 골칫거
리이기도 하지요. 독서일기를 쓰기 위해서는 먼저 책을 읽는 활동이 필요합
니다. 다양한 분야에서 즐거운 책을 골라 읽고 독서일기를 쓰면 다양하고 풍
부하게 표현할 수 있습니다 . 마치 성격이 유쾌한 사람과 만나 대화를 나누다
보면 저도 모르게 수다쟁이가 되는 것처럼 말이지요.

　　이번 장에서는 다양한 책을 읽고 쓴 여러 가지 방식의 독서일기를 살펴보
면서 읽고 쓰는 것에 대한 두려움을 줄이고 재미있고 수다스럽게 자기를 표
현하는 방법에 대해 알아보겠습니다.

독서일기는 이렇게

독서일기를 쓰는 방법은 매우 다양하지만, 그렇다고 해서 독서일기가 마냥 자유롭기만 한 것은 아닙니다. 독서일기는 책을 읽고 남기는 기록이므로 책을 읽고 알게 된 정보나 내용, 읽으면서 들었던 생각이나 느낌을 정리하여 쓰는 것입니다. 독서일기도 일기와 같아서, 책을 읽은 날짜와 책 제목을 쓰고 책 속에서 일어난 일, 그에 관한 나의 생각이나 느낌 등을 적는 것은 비슷합니다.

먼저 독서일기를 쓰는 가장 기본적인 방법을 알아보고, 그림을 이용하여 아이의 생각을 좀 더 풍성하게 표현하는 방법도 살펴보도록 하겠습니다. 책을 읽으면서 머리와 마음속에 밀려든 생각과 느낌들을 잘 정리해 두는 것은 정말 소중한 경험입니다. 독서일기를 쓰는 것이 우리 아이들에게 가장 즐거운 습관 중의 하나가 되었으면 하는 바람입니다.

독서일기의
기본 ✏️

  일반적으로 책을 읽고 감상문을 쓴다고 하면 크게 '책의 줄거리를 요약하는 것'과 '그것에 대한 자기의 생각이나 느낌을 적는 것' 이 두 가지를 떠올릴 것입니다. 그것이 바로 독서일기를 쓰는 가장 고전적인 방법이죠. 책을 읽고 그 내용을 요약하는 것은 앞으로 아이가 수많은 글을 읽어 나가기 위해서도 중요한 훈련이고, 자기 생각을 일정 분량의 글로 나타내는 것도 교육적으로 중요한 의미를 지닙니다.

  여기서 문제는 '요약'에 대한 부분입니다. 독서일기에는 책의 내용에 대한 요약과 자기 생각에 대한 요약, 즉 두 종류의 요약문이 들어갑니다. 이때 너무 길게도, 너무 짧게도 아닌 적당한 길이로 요약하기 위해서는 반복적인 훈련이 필요합니다. 내용 요약을 잘할 수 있게 하려면, 독서일기를 쓰기 전에 아이와 엄마가 책의 내용에 대해 이야기를 나누는 활동을 하면 좋습니다. 대화를 통해 아이가 요약에 필요한 어떤 부분을 기억하고 있는지, 불필요한 부분을 크게 의식하고 있는 건 아닌지 먼저 확인한 후 쓰기를 진행하면 줄거리 요약에 드는 불필요한 시간을 줄일 수 있습니다.

A

「전우치전」: 백성을 무척 사랑하는 전우치

© 비룡소

전우치는 한 선비인데 어렸을 때부터 깊은 산속에 들어가 도를 닦았기 때문에 뛰어난 도술을 부릴 수 있었습니다. 그 무렵 나라는 매우 어지럽고 혼란스러웠습니다. 그래서 바닷가에서는 해적들이 백성을 괴롭혔습니다. 임금이 백성들을 돌보지 않자 전우치는 도술로 임금을 혼내 주었습니다. 전우치가 장난을 쳤다는 것을 안 임금은 전우치를 잡으려 하였지만 도술 때문에 잡는 데 실패하였습니다. 그런데 어느 날 전우치가 산에 있는 도적들을 물리쳐 임금한테 벼슬을 받고 신선이 되었습니다. 나도 재주와 능력을 좋은 일에 쓸 수 있도록 하고, 항상 겸손한 마음을 가져야겠습니다.

『비밀의 달팽이호』: 용감한 세 사나이

© 크레용하우스

이 이야기는 아키라와 다쓰오와 다카시라는 세 명의 사내아이의 이야기입니다. 아키라는 종잡을 수 없는 아이, 다쓰오는 개구쟁이, 다카시는 외톨이였지만 이 세 아이가 아주 친해진 것은 다카시네 집 옆 풀밭에 '달팽이호'가 나타난 뒤부터였습니다. '달팽이호'는 원래 다카시네 차였습니다. 그런데 어느 날 네 아저씨들이 집을 짓기 위해서 달팽이호를 끌고 가려고 할 때 아이들이 너무 슬퍼해서 네 아저씨들이 특별히 자동차 부품들을 떼어서 주었습니다. 나도 달팽이호가 있었으면 좋겠습니다. 왜냐하면 내 비밀기지로 삼을 수 있기 때문입니다. 그래서 그 안에서 내 친한 친구와 함께 숙제도 하고 이야기도 나누고 싶습니다.

『집에 있는 부엉이』: 집에 있는 부엉이는 혼자서도 잘 놀아

© 비룡소

집에 있는 부엉이는 정말 혼자서도 잘 논다. 부엉이가 혼자서 잘 논 다섯 가지 이야기가 있다. 부엉이가 한번은 잘 때 혹이 생겼다. 그런데 그걸 본 부엉이는 깜짝 놀라고 걱정했다. 사실 그 혹은 두 다린데…… 그래서 부엉이는 자기 침대를 두 혹들에게 양보하고 소파에서 자는 장면이 웃겼다. 또 한번은 슬픈 일을 생각하면서 눈물을 뚝뚝 주전자 속에 흘렸다. 그래서 그것으로 눈물차를 끓여서 마셨다. 눈물차가 맛있었을까? 눈물은 짭짤하니까 눈물차도 짭짤하겠지? 나도 그 눈물차를 먹고 싶지만 내 눈물은 눈물차를 끓이려면 아주 많이 모자란다. 그런데 슬픈 일은 없을걸······. 또 한 가지 이야기는 위층과 아래층을 동시에 보기 위해서 위층과 아래층을 부지런히 쿵쾅쿵쾅 뛰어다녔다. 위층과 아래층을 동시에 볼 수는 없는데 볼 수 있다고 생각한 부엉이는 엉뚱하다. 부엉이는 혼자여도 잘 노는데 나랑 같이 놀면 더 재밌지 않을까? 나도 부엉이네 집에서 위층 아래층 뛰어다니고 눈물차도 끓여 먹고 싶다.

D

「우동 한 그릇」

© 청조사

『우동 한 그릇』에는 「우동 한 그릇」, 「산타클로스」, 「마지막 손님」 등 세 편의 이야기가 들어 있다.

14년 동안 그믐날이면 우동집 '북해정'의 주인 내외는 2번 식탁의 주인공들을 기다렸다. 14년 후, 주인공들은 그믐날에 북해정을 찾아왔다. 두 아들은 각각 소아과 의사와 은행원이 되어 어머니를 모시고 왔다. 그들의 소망은 북해정에서 우동 세 그릇을 먹는 것이었다. 그들은 가난해서 늘 우동 한 그릇을 시켜서 세 사람이 나누어 먹었다. 그것을 안 주인 내외는 일부러 우동을 더 넉넉하게 담아 주었다. 그 마음이 참 따뜻했다.

「산타클로스」는 백혈병으로 세상을 떠난 겐보오가 산타클로스가 되는 이야기다. 겐보오는 병을 앓고 있어도 늘 환한 미소를 잃지 않았다. 그래서 죽어서도 늘 행복을 주는 산타클로스가 되었나 보다.

「마지막 손님」에서 과자가게 '춘추암'의 종업원 게이코는 나루도 씨의 아픈 어머니를 위해서 직접 과자를 골라서 선물하고 장례식까지 가서 과자를 바쳤다. 게이코는 나이는 어리지만 남에게 따뜻한 마음을 베풀 줄 아는 아름다운 아가씨이다.

독서일기 A와 B는 앞부분에는 줄거리 요약이, 뒷부분에는 생각이나 느낀 점이 나타나 있습니다. 그런데 앞부분의 줄거리 요약은 다소 긴장감을 보이면서 숨 가쁘게 이루어지고 있는 데 반해, 뒷부분의 밑줄로 표시한 부분은 너무 간략하게 마무리하고 있는 느낌을 주지 않나요? 사실 이런 구조의 독서일기가 지닌 문제점은 앞에서 줄거리를 정리하느라 기운을 다 써버리고 뒷부분을 쓸 때는 한두 줄 정도의 느낀 점으로 급하게 마무리를 하게 된다는 것입니다. 조금 과장하면 '용두사미' 같은 글이 되기 쉽습니다.

그에 비하면 독서일기 C와 D는 줄거리 요약과 느낀 점을 쓰는 기본 틀은 있지만 줄거리 요약이 이루어지는 사이사이에 느낀 점을 넣어 글이 조금 더 차분해지고 풍부해진 느낌을 줍니다. 그러나 줄거리 요약을 나누어 쓰다 보면 특정 대목이 필요 이상으로 길어지기도 하고, 어느 부분에서는 의도했던 느낀 점을 적절히 끼워 넣지 못하기도 하고, 줄거리 요약과 느낀 점이 끝까지 마무리되지 않는 경우가 생길 수도 있으므로 유의해야 합니다. 책의 줄거리를 요약해서 쓰는 것처럼 자신의 느낀 점도 효과적으로 드러나도록 요약이 필요합니다. 또 느낌을 표현할 때는 되도록 같은 표현을 반복해서 사용하지 않도록 해야 합니다.

요약하기

'요약'은 글을 읽고 이해하는 과정에서 기억해야 할 중요한 정보를 선택하는 일입니다. 우리가 책을 읽는 목적은 그 안에 들어 있는 다양한 정보 중에서 본인에게 가장 흥미로운 것, 가장 유익한 것을 뽑아내는 것이라고도 할 수 있습니다. 이렇게 뽑아낸 것을 글로 구성할 때 흔히 사용하는 일반적인 규칙은 다음 네 가지가 있습니다.

• **삭제:** 중요하지 않다고 판단하였거나 반복되어 나타나는 정보를 과감하게 버리는 것을 말합니다. 사실 요약은 불필요한 것을 지우는 일만 잘해도 수월하게 할 수 있습니다. 그래서 요약에서는 '기억하면서 읽기'보다는 '버리면서 읽기'가 중요한 활동입니다.

• **대체:** 공통적인 규칙을 가지고 있는 비슷한 사건이나 사례가 반복될 때, 특징으로 묶어 한 번에 표현하는 것을 말합니다. 따라서 이야기의 구조를 잘 파악하고, 규칙성을 찾아 읽는 연습이 필요합니다. 이때 일어났던 사건이나 현상을 말로 먼저 이야기해 본 후에 써 보면 더 편리합니다.

• **선택:** 글 안에 들어 있는 문장이나 표현 중에서 주제와 관련된 부분을 놓치지 않고 다시 꺼내 쓸 수 있는 것을 말합니다. 물론 주제 관련 부분이 여러 곳이라면 그것들을 모두 찾아야 하고, 주제가 반복되어 나타난다면 대표적인 것 하나를 찾아 써야 합니다.

• **구성:** 책을 다 읽고 나서도 주제가 정확하게 표현된 부분을 찾기 어렵거나 독자가 혼자 힘으로 찾아야 하는 경우에 스스로 맥락을 파악하여 글로 만들어 쓰는 것을 말합니다. 초등 저학년용 읽기 자료에서는 대체로 주제가 명확하게 드러나는 경우가 많지만, 학년이 올라가면서 숨겨진 메시지를 찾아야 하는 글도 접하게 됩니다. 겉에 드러난 주제를 정확하게 찾아내고 자기의 느낌이나 생각을 구체적으로 표현하는 경험을 쌓으면 자연스럽게 할 수 있게 될 것입니다.

그림이 있는
독서일기 ✏️

초등 저학년 아이들에게 그림은 글과 함께 중요한 표현 수단입니다. 독서 활동에서 글을 포함하지 않고 독후화만 그리는 경우도 있지만, 여기서는 글을 포함한 그림 독서일기에 관해서 이야기하고자 합니다. 독후화만으로 독서 활동의 결과물을 내는 경우, 국어과의 쓰기 영역이라기보다는 미술과 영역에서 평가할 소지가 커질 수 있기 때문입니다.

국어과에서 활용하는 아이들의 그림은 글로 표현하는 내용을 보다 상세하고 풍부하게 하거나 글로 표현할 수 없는 부분을 나타내주는 맥락에서 이해하기로 하지요. 그림과 글이 상호 작용하거나 상호 보완하는 관계를 살펴서 아이와 대화하고 소통하는 계기로 삼을 수 있습니다.

그럼 지금부터 그림 독서일기의 유형을 책이 지니고 있는 내용이나 구성상의 특징에 따라 몇 가지로 나누어 살펴보겠습니다.

사물을 나열하여 소개하기

아이들은 사물이나 대상이 연속적으로 나열되는 식으로 진행되는 책을 읽고 나면 독서일기도 똑같이 연속적으로 나열하는 방식으로 쓰는 경우가 많습니다.

다음에 소개하는 A, B, C는 각각 『떡잔치』, 『시장 나들이』, 『아씨방 일곱 동무』를 읽고 작성한 그림 독서일기입니다. 『떡잔치』에는 다양한 떡의 종류들, 『시장 나들이』에는 장날에 만날 수 있는 여러 가게들, 『아씨방 일곱 동무』에는 반짇고리에 들어 있는 일곱 가지 도구들이 책장을 넘길 때마다 나열식으로 소개되어 있습니다.

이런 책을 읽고 독서일기를 쓸 때면 아이들은 보통 책의 첫 장부터 다시 차례로 넘겨 보면서 나열되어 있는 순서대로 글을 써 나갑니다. 아이의 판단으로는 사물들의 명칭이 책에 정확히 나와 있고, 책 속에 등장하는 순서가 정해져 있으니 이것을 그대로 옮겨야 한다는 생각이 강하게 들기 때문이죠.

하지만 독서일기를 쓸 때 책에 등장하는 모든 사물을 똑같은 순서와 분량으로 나열할 필요는 없습니다. 사물 중에는 아이에게 익숙한 이름이나 모습을 가지고 있는 것도 있고, 새롭고 낯선 정보를 담고 있는 것들도 있을 것입니다. 이때 이미 익숙한 것은 간단하게, 새로운 것은 조금 더 자세히 정리하면 좋습니다. 본인에게 낯선 것을 찾아내고 흥미를 갖게 되는 과정, 본인의 취향을 찾아내고 즐거워하는 과정을 일기에 오롯이 담아내는 것이 중요할 따름입니다.

A

책 제목
떡잔치

주인공
콩떡, 쑥떡, 진달래 화전, 수리취떡, 송편, 국화전, 시루떡, 팥죽새알심, 무지개떡

내용 및 느낌
　진달래 화전과 수리취떡은 내가 꼭 먹어보고 싶은 떡이다. 그리고 시루떡과 무지개떡은 내가 제일 좋아하는 떡이다. 나는 떡을 무지무지 좋아해서 엄마가 '떡순이'라는 별명을 지어 주셨다. 책에는 내가 좋아하는 떡들이 있어서 입맛을 다셨다.

　A에서는 나열된 떡의 종류를 먹어보고 싶은 떡과 좋아하는 떡으로 나누었습니다. 주인공으로 생각한 떡에 대한 설명은 과감하게 생략되어 있지만, 정말 맛있게 책을 읽었다는 느낌을 줍니다.

책 제목
시장 나들이

주인공
똘이, 수탉, 시장 사람들

내용 및 느낌

똘이는 장날에 가축시장에 가서 수탉을 팔아 신발전에서 새 운동화를 샀다. 장날 시장에 가면 신발전, 옹기전, 포목전, 대장간 등 여러 가지 가게가 있다. 나도 시골 장터에 가서 장날 물건을 구경하고 직접 골라서 물건을 사고 싶다. 엄마는 내가 방물장수를 제일 좋아할 것 같다고 하셨다.

B에서는 장날에 시장 나들이에 나선 똘이를 소개합니다. 재미있는 가게들을 구경하는 똘이를 아이는 부러워합니다. 옹기전이나 포목전, 방물장수 같은 명칭은 아이에게는 다소 생소하겠지만, 써 보고 그려 보는 과정에서 익숙해져 가는 느낌을 줍니다.

책 제목

아씨방 일곱 동무

주인공

빨간 두건 아씨, 가위, 바늘,
다리미, 자, 인두, 골무, 실

내용 및 느낌

　빨간 두건 아씨네 집 반짇고리에 들어 있는 가위, 바늘, 다리미, 자, 인두, 골무, 실, 일곱 동무는 읽기 책에 나오는 눈, 코와 입, 손, 발처럼 밤새도록 자기 자랑을 했다. 하지만 일곱 친구는 빨간 두건 아씨랑 함께 있어야만 아름다운 옷을 만들 수 있다는 것을 알게 되었다. 나도 예쁜 반짇고리를 하나 가졌으면……

　C에서는 반짇고리 안에 든 일곱 가지 바느질 도구가 주인공이 되어 말다툼을 벌이는 장면에 주목하고 있습니다. 하지만 아이는 특정한 주인공에 집착하지 않고 모두와의 조화를 선택하고 있는 모습을 보입니다.

이야기가 전개되는 순서 표현하기

초등 저학년 아이들은 책을 읽고 나서 내용의 일부를 잊어버리거나 사건의 앞뒤 순서를 잘못 기억하거나 인과관계를 잘못 이해하는 경우가 종종 있습니다. 따라서 글을 읽고 내용이나 사건을 순서대로 정리해 보는 활동은 글 전체를 제대로 이해하기 위해서 꼭 필요한 과정입니다.

책의 분량이 길어지거나 기억해야 할 사건이 많아지면 엄마가 아이와 함께 이야기를 몇 개의 덩어리로 끊어서 정리해 보는 것이 도움이 됩니다. 이때 말이나 글로만 정리하지 말고 이야기 속의 장면을 간단하게라도 그려 보는 활동을 더하면 훨씬 쉬워집니다. 이때는 그림의 완성도에 신경 쓰기보다 이야기를 이해하는 데 필요한 하나의 수단으로써 효과적으로 그림을 사용해 보기를 권합니다.

이것은 이야기를 몇 개의 덩어리로 나눌 것인가의 문제와도 관련됩니다. 동화 전문가들은 보통 동화가 '처음-중간-마무리'의 세 단계 구조로 이루어져 있다고 설명합니다. 하지만 이와는 별개로 아이들은 자신들이 원하는 수만큼 이야기의 덩어리들을 만들 수 있습니다. 이야기의 덩어리를 네 개로 나누었으면 네 개의 빈칸을, 여섯 개로 나누었으면 여섯 개의 빈칸을 이용해서 전개 과정을 나누어 담아 봅니다. 일종의 스토리보드[19]를 만든다고 생각하면 됩니다.

---

19 스토리보드(storyboard): 원래 영상물을 제작할 때 사용하는 대강의 원고와 같은 것을 말합니다. 스토리의 흐름을 설명하기 위해서 종이 위에 몇 개의 주요한 장면을 나누고, 빈칸에 간략한 그림과 대사나 설명 같은 것을 적어 놓습니다. 이런 스토리보드는 전체적인 기본 정보가 거의 들어 있기 때문에 영화나 광고의 내용을 본격적으로 구성할 때 중요한 역할을 합니다.

다음 예시를 보면 아이는 『우당탕탕, 할머니 귀가 커졌어요』란 책의 내용을 여섯 개의 장면으로 나누었습니다. 각각의 장면이 명확하게 다르다는 점을 강조하기 위해서 각기 다른 바탕 색지를 사용한 점도 눈에 띕니다.

책 제목

우당탕탕, 할머니 귀가 커졌어요

주인공

위층 가족들, 아래층 할머니

내용 및 느낌

　아래층 할머니는 귀가 커지기 전까지는 자기 생각만 하고 다른 사람은 생각하지 않는 성격이었다. 그런데 위층에서 아무 소리도 나지 않자 너무나 궁금해하는 걸 보니 할머니는 호기심이 많은 성격이다. 결국 위층 사람들이랑 사이좋게 지내는 걸 보니 착한 성격인 것 같다.

이야기 속 한 장면을 상상하기

책을 읽고 기억에 남는 장면을 그림으로 표현하는 것은 전 학년에 걸쳐 다 할 수 있지만, 특히 저학년에서 자주 활용됩니다. 저학년 아이들은 아무래도 글쓰기보다 그림으로 표현하는 것이 더 자유로울 것이라는 판단에서입니다.

아이가 책에서 받은 느낌을 가장 효과적으로 보일 수 있는 장면을 선택하여 자기만의 방식으로 꾸며볼 수 있게 지도해 주세요. 자신이 동화책의 그림을 그리는 삽화가가 되었다고 생각해 보게 하는 것도 좋고, 원하는 대로 삽화의 배경을 바꾸어 보게 하는 것도 좋습니다.

A

책 제목
화요일의 두꺼비

주인공
두꺼비(워턴, 모턴),
올빼미, 사슴쥐들

내용 및 느낌
　조지야, 미안해. 네가 쓴 편지를 못 봤어. 오늘 우리 집에서 노간주나무 열매차를 마시고, 이야기도 나누고, 치료해 주고, 다 나으면 우리 모턴과 너랑 같이 놀자.

책 제목

마고할미

주인공

마고할미

내용 및 느낌

　마고할미는 엄청나게 큰 거인입니다. 마고할미가 한 번 움직이면 커다란 산도 생기고 강물도 생깁니다. 지금도 거제도에 가면 하브릉 성이 남아 있어요.

　A와 B는 각각 『화요일의 두꺼비』와 『마고할미』를 읽고 아이가 책 속에서 인상적이었던 장면들을 그려 놓은 그림 독서일기입니다. A를 보면 원래 두꺼비 워턴을 잡아먹으려던 올빼미 조지는 지면이 꽉 찰 정도로 날개를 펼치고 있고, 마침내 친구가 된 워턴의 당당한 모습도 함께 보입니다. B의 마고할미는 말로 설명하기에는 너무도 커서 일기장 공간 안에서도 미처 다 담기지 못하였습니다.

　이렇게 이야기 속 한 장면을 선택하고 꺼내어 그림으로 그려 보는 작업은 이후에 '책 표지 만들기'나 '책 엽서 만들기', 또는 '책 광고하기'와 같은 독서 활동을 진행할 때도 유용한 방법입니다.

자연이나 과학 현상에 관해 설명하기

과학 독후감은 과학에 관련된 책을 읽고 자유롭게 기록하는 독서 일기의 일종으로 볼 수 있습니다. 주로 아이들의 수업 내용과 관련이 있거나 해당 학년 수준에 맞는 과학 도서를 지정하고 그에 대한 글을 작성하도록 하는 경우가 많습니다.

그런데 과학 독서일기는 뭔가 더 과학적이고 논리적이어야 한다는 선입견을 가지고 있는 경우가 많습니다. 책 속에서 다루고 있는 내용이 과학적이고 논리적이니 당연히 그것에 관한 글쓰기도 그렇게 써야 한다고 믿는 것도 무리는 아닙니다.

A

책 제목
비는 어디서 왔을까?

주인공
비, 구름, 물방울, 햇볕, 수증기

내용 및 느낌
　따뜻한 햇볕이 물방울을 데워서 수증기로 바꿔 놓습니다. 따뜻한 공기는 가벼워서 하늘로 올라가 구름이 됩니다. 물방울은 참 신기합니다.

책 제목
날씨 점쟁이들

주인공
제비, 민이, 얼룩 강아지, 태석

내용 및 느낌
  비가 오기 전에는 습도가 높아져서 제비들은 날개가 습기에 젖어 무거워지기 때문에 높이 날 수 없습니다. 나도 제비가 낮게 나는 것을 보면 밖에서 놀다가도 집에 들어갈 것입니다.

  초등 저학년용 과학 도서는 과학적 지식을 다루는 분량이 많지 않고 복잡한 내용을 다루지 않으므로 독서일기 역시 글로 요약 정리할 부분은 많지 않습니다. A, B의 예시글에서 볼 수 있듯이 물방울이 변하는 과정이나, 날씨에 관한 간단한 지식을 이야기식으로 쉽게 풀어 주는 내용이 중심을 이루고 있습니다.

  사실 과학 지식을 깨닫게 되면서 크게 감정의 변화가 생기거나 감동하는 일은 드뭅니다. 그러니 위의 예시에 보이는 것처럼 책 내용과 관련하여 비 오는 날에 자신의 일상을 보여 주는 그림을 그려 넣거나, 비가 오기 전에 새들이 무겁게 나는 모습을 상상해서 덧붙이는 정도면 새로 알게 된 사실을 정리하는 활동으로 충분합니다. 또는 과학 이론을 그래프나 도식, 간략한 지도 형식으로 덧붙여 놓아도 좋습니다.

내용에 어울리는 그림을 너무 고민하여 힘들게 그릴 필요는 없습니다. 책 속에 들어 있는 삽화 중에 재미있는 장면이 있거나 마음에 드는 것이 있다면 그대로 흉내 내어 그려 보는 것도 도움이 됩니다.

상상한 것을 그림으로 나타내기

책을 읽다 보면 머릿속으로는 장면이 상상이 될 듯도 한데, 실제로 그 모습이 책에는 나오지 않아서 답답할 때가 있습니다. 그럴 때 가장 좋은 방법은 내가 상상한 대로 그려 보는 것입니다. 좀 서툴러도 괜찮고, 약간 이상하게 보여도, 혹은 생각만큼 잘 그려지지 않더라도 괜찮습니다.

《해리포터》 시리즈를 한번 생각해 볼까요? 조앤 롤링의 소설 《해리포터》가 처음 세상에 나왔을 때 우리는 주인공 해리의 모습을 머릿속에서 그려 보고, 지팡이를 타고 날아다니는 마법 학교 학생들을 떠올리며 흥분을 감추지 못했습니다. 그런데 얼마 후, 《해리포터》 시리즈가 영화화되었을 때 우리는 또 다른 흥분의 도가니 속으로 빠져 버리고 말았습니다. 우리가 상상했던 소설 속 등장인물과 장면들이 마치 실제로 존재하는 것처럼 너무도 생생하게 구현되었기 때문이지요.

하지만 문제는 거기서부터였습니다. 해리포터를 영상으로 만나 본 독자들은 이제 책보다는 영화를 더 기다리게 되었습니다. 내 머릿속에서 고민해서 힘들게 장면을 만들어 내는 것보다 전문가가 공들여 만들어 놓은 영상으로 보는 것이 훨씬 덜 수고로우니까 말이죠. 비슷한 예로 동화를 읽는 대신 같은 제목의 애니메이션을 먼저 보거나, 읽고 나서 잘 이해되지 않는 소설을 동명의 영화를 보고 이해하게 되는 경우를 떠올릴 수 있습니다.

초등 저학년 시기는 영상에 의존하기보다는 조금 명확하지 않더라도, 때로는 실수가 있더라도 자신의 힘으로 책 속의 상황과 장면을 떠올려 보고 상상해 보는 훈련이 필요합니다.

A

책 제목
백두산 이야기

주인공
흑룡거인, 백두거인, 오랑캐,
따님왕, 한울님

내용 및 느낌
＊주인공들의 별명 짓기
① 흑룡거인 – 샘쟁이　　② 백두거인 – 백두장사

③ 오랑캐 - 나쁜놈　　　④ 따님왕 - 힘센 여왕

⑤ 한울님 - 거대한 신

이렇게 별명을 지어 보니 재미있다. 다음에도 주인공들의 별명을 지어
보아야겠다.

B

책 제목

세상에서 가장 아름다운 달걀

주인공

화사깃털 아가씨, 늘씬다리
아가씨, 멋진볏 아가씨, 임금님

내용 및 느낌

　화사깃털 아가씨, 늘씬다리 아가씨, 멋진볏 아가씨는 서로 자기가
가장 아름답다고 생각했습니다. 그래서 임금님께 물어보기로 했습니
다. 임금님은 셋 중에 가장 아름다운 달걀을 낳는 닭을 가장 아름다
운 공주로 삼겠다고 했습니다. 나는 화사깃털 아가씨는 화사한 무늬
가 있는 알을 낳고, 늘씬다리 아가씨는 길쭉한 알을, 멋진볏 아가씨는
아주 작은 알을 낳을 거라고 생각했습니다. 내 생각하고는 달랐지만
세 아가씨 모두 멋진 알을 낳아서 모두 공주가 되었습니다.

A의 독서일기에 나오는『백두산 이야기』는 백두산의 탄생 설화를 모티브로 한 동화입니다. 주인공들의 모습은 아이들의 머릿속에서 얼마든지 다양한 모습으로 재탄생할 수 있습니다. 등장인물의 특징을 잡아 별명을 지어 놓은 것도 재미있습니다. B의 독서일기에서는 책장을 넘기면서 다음에는 어떤 장면이 나올지 아이가 상상한 내용을 그림으로 표현해 놓았습니다. 책을 읽으면서 상상했던 세상에서 가장 아름다운 달걀과 책의 결말에서 보이는 달걀의 모습을 대비시켜 독서의 과정을 남겨 놓은 것이 흥미롭습니다.

　그 외에도 책의 중간 부분이든 혹은 책의 결말 이후에 더 이어질 내용이든 어디든 자유롭게 상상하여 글과 그림으로 표현할 수 있습니다.

다양한 모습의
독서일기

지금부터 좀 더 다양한 독서일기들을 살펴
보면서 그때그때 즐거운 독서일기를 만들어 가는 방법에 대해 알아보려고 합
니다. 아이가 읽은 책이 어떤 분야에 속해 있는지, 성격은 어떤지, 주제는 무엇
이고, 또 책을 읽는 목적은 무엇인지 등에 따라서 독서일기에 쓸 내용은 달라질
수 있습니다. 그러니 모든 책에 대해서 똑같은 독서일기의 양식을 사용하기보
다는 다양한 방법으로 쓰는 것에 열린 마음으로 익숙해질 필요가 있습니다. 다
음에 소개하는 다양한 모습의 독서일기를 참고하여 아이와 함께 즐거운 독서의
추억을 남기는 데 도움이 되기를 바랍니다.

마인드맵을 활용한
독서일기 ✏

마인드맵(mind map)은 토니 부잔(Tony Buzan)이 개발한 두뇌개발 기억 프로그램으로, '생각의 지도' 혹은 '생각 그물'이라는 이름으로 불리기도 합니다. '두뇌의 맥가이버 칼'이라는 별칭을 갖고 있기도 한 마인드맵은 글을 쓰는 과정에서 시간 낭비를 줄이고, 사고와 글쓰는 과정을 따로 분리하여 명확하면서도 폭넓게 생각하게 해 주는 장점을 지니고 있다고 평가받습니다. 심지어 토니 부잔은 본인의 결혼 서약서도 마인드맵으로 작성했다고 합니다.

마인드맵은 종이 한가운데에 생각할 주제를 적고, 자유롭게 연상하면서 떠오르는 생각들을 나무에 가지가 생겨나는 모양으로 표현하는 것입니다. 생각할 주제를 정했으면 그 다음은 생각의 주 가지를 몇 개로 나눌 것인지를 정합니다. 이 주 가지가 바로 마인드맵에서 생각의 기본 질서를 이루는 '주개념'이 되는 것이고, 이것을 자유롭게 사용하는 것이 중요합니다.

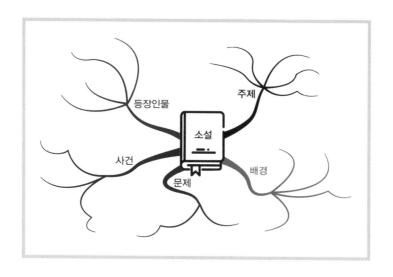

위의 그림에서 보면 '소설'이라는 중심 주제에서 큰 가지로는 '주제', '배경', '등장인물' 등이 나와 있지요. 그리고 큰 가지에서 다시 여러 개의 작은 생각의 가지들이 뻗어 나오도록 합니다. 이 잔가지들 위에는 주제, 배경, 등장인물 등과 관련된 생각들을 올려놓습니다. 그리고 잔가지에서 또 다른 잔가지를 만들어 가며 생각이 멈출 때까지 지도를 만들어 가는 것입니다.

이런 마인드맵을 만들기 위해서는 다음과 같은 재료를 미리 준비해 놓으면 편리합니다.

사인펜과 색연필 등 다양한 색과 질감의 필기도구를 사용하면서 재미있고 다양하게 생각을 끌어오려는 의도에서입니다.

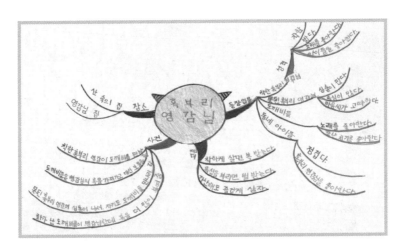

위의 예시는 『혹부리 영감님』을 읽고 학생이 직접 만든 마인드맵입니다. 주제어 자리에 '혹부리 영감님'이라는 제목을 두었고, '장소', '등장인물', '사건', '교훈'이라는 네 개의 주 가지를 만들어 놓았습니다. 등장인물은 다시 네 개의 잔가지로 나누었고, 각각의 등장인물에는 다시 성격에 해당하는 가지들을 만들어 놓았습니다. 사건에는 네 개의 가지 위에, 교훈에도 세 개의 가지 위에 관련된 내용이 올라가 있지요. 이렇게 작성된 마인드맵은 그 자체만으로도 독서일기가 되기에 손색이 없습니다.

한편, 마인드맵을 독서일기의 기초 재료로 활용할 수도 있습니다. 즉, 본격적인 글쓰기에 앞서 마인드맵을 그려 보고 생각을 정리하여 간단한 글쓰기의 뼈대를 만들어 놓는 것입니다. 이 방법은 아이의 학년이 올라갈수록 유용하게 쓰이게 됩니다. 다음 예시에서 ㉮는 러시아의 민담 『아름다운 바실리사』를 읽고, ㉯는 『먼나라 이웃나라 4: 영국』을 읽고 아이가 간단히 자신의 생각을 정리한 마인드맵입니다.

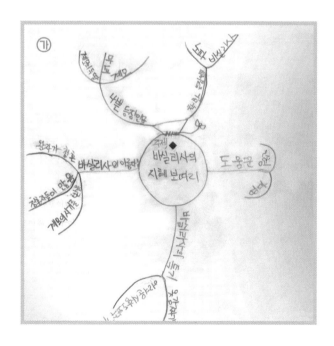

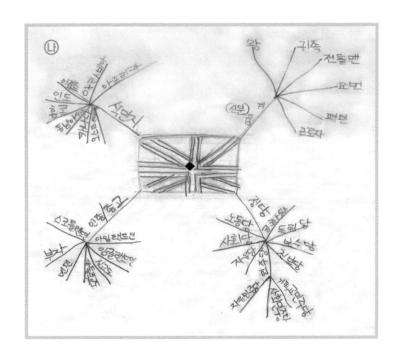

　독서일기를 쓸 때 이렇게 마인드맵 만들기를 자주 활용하다 보면 자신도 모르는 사이에 글의 내용의 체계를 잡아 가는 방법을 깨닫고, 문제를 발견하고 해답을 찾아 가는 과정을 혼자 해결해 나가는 데 도움이 됩니다.

편지글 형식의 독서일기 🖊

　독서일기를 편지글 형식으로 쓰라고 하면 아이들이 한결 수월하게 글을 쓰는 것을 발견할 수 있습니다. 편지는 등장인물이나 작가에게 쓸 수도 있고, 친한 친구나 가족에게 읽은 책에 관해 이야기를 들려주듯 쓸 수도 있습니다. 주의할 점은 편지의 형식을 빌려왔을 뿐 독서일기라는 점을 잊지 말고, 책 속에 들어 있는 내용이나 자신의 느낌도 충분히 표현되도록 작성해야 한다는 것입니다.

책 제목: 일기 감추는 날

지은이: 황선미

읽은 날: 7월 15일

    동민아, 넌 나랑 비슷한 성격을 가지고 있구나! 엄마 아빠가 다투셨을 때 모습을 담은 일기를 감춘 일, 모든 일에 자신감을 가지고 최선을 다하는 모습을 보여 주는 것, 주변에 장난꾸러기 친구와 꼭 같이 다니는 일, 엄마한테 혼나면서도 계속 손톱을 물어뜯는 일, 이런 모습들이 나와 아주 많이 닮았어. 그런데 장난꾸러기 경수가 학교 담벼락을 넘는 것을 보았지만 일기에 쓰지는 않았잖아? 그런데도 경수는 네가 일기에 쓴 것 때문에 선생님이 아신 줄 알고 너에게 화를 냈었지. 그때 너는 왜 자신 있게 네가 하지 않은 것이라고 말을 못 했니? 내가 너였다면 경수 앞에서 내가 안 그랬다고 자신 있게 말했을 거야. 물론 경수는 힘이 세니까 이렇게 말했으면 너를 때렸을지도 몰라. 하지만 난 네가 앞으로는 이런 경우를 당했을 때 움츠러들지 말고 더 당당해졌으면 좋겠어.

책 제목: 아주 특별한 우리 형

지은이: 고정욱

읽은 날: 4월 20일

멋진 종민이에게

종민아, 처음에는 넌 형이 싫어서 가출까지 했었지? 하지만 네가 어려움을 겪었어도 다친 곳 없이 돌아와서 다행이야. 네가 가출하고 다시 집에 돌아오고 형의 편지를 받고 나서부터 너랑 형이랑 친해졌을 때, 바람을 쐬러 갔다가 형 대신 네가 다쳤지? 난 그때 네가 형을 얼마나 사랑하는지 알 수 있었어. 그리고 나는 가끔씩 장애인을 생각하고 열심히 일하는 네 형이 존경스럽기도 해. 같은 장애인들을 위해 자유키 프로그램도 만든 형이 참 고맙고, 컴퓨터를 잘하는 네 형이 참 부러워. 종민이 너도 행복하고 종식이 형도 몸을 자유롭게 움직일 수 있게 되었으면 좋겠어. 종민아, 형도 잘 보살피고 공부도 열심히 해. 파이팅!

초등 저학년 아이들을 위한 동화는 대부분 주인공이 겪는 사건과 행동에 대한 서술이 마치 카메라의 시선이 따라가듯 전개되는 특징이 있습니다. 그래서 아이들은 처음부터 끝까지 스토리에 쉽게 몰입하게 됩니다. 주인공과 함께 화가 나기도 하고 펄쩍 뛸 만큼 기뻐하기도 하면서 이미 주인공이 되어 있거나 친한 친구가 되어 있기도 합니다. 이런 경우에 주인공에게 편지 쓰기는 효과적인 접근법이 될 수 있습니다.

하지만 주의할 점도 있습니다. 본인의 느낌이나 의견을 제시하지 않고, 등장인물에게 질문 일색인 글이 되지 않도록 해야 합니다. 또한 '네가 화가 나서 나도 화가 났어', 혹은 '네가 잘 되었을 때 정말 기뻤어'와 같이 단순한 느낌이나 감정을 표현하기보다는 '그럴 땐 나도 화가 났지만 나라면 너처럼 행동하진 않았을 거야. 나는 ○○하는 것이 더 중요하다고 생각하기 때문이야' 또는 '네가 잘 되어서 정말 다행이야. 하지만 만약 그렇지 못했으면 ××한 결과가 되었겠지. 앞으로도 △△하지 않도록 늘 조심했으면 좋겠어'처럼 구체적인 상황을 들어 말이나 행동의 잘잘못을 가리기도 하고, 판단이나 결과에 대한 본인의 의견이나 대안들을 제안할 수도 있었으면 합니다.

C

책 제목: 개구리 선생님의 비밀

지은이: 파울 판 론

읽은 날: 1월 8일

개구리 선생님과 나비 선생님과 황새 선생님께

개구리 선생님, 개구리로 변할 때 기분이 어때요? 제가 만약 개구리로 변한다면 전 몸부림을 칠 거예요. 개구리로 변한 내 모습이 끔찍하니까요. 그래도 선생님은 개구리로 변한 모습이 마음에 드나요? 혹시 수잔 선생님이 나비로 변해서 모르고 배고플 때 잡아먹는 건 아니겠죠?

나비 선생님, 그런데 못생긴 개구리 선생님과 사랑할 수 있나요? 내가 만약 나비 선생님이라면 개구리 선생님과 사랑에 빠지지 않고, 아주 멋진 호랑나비와 사랑했을 거예요. 아마 나비 선생님은 개구리 선생님이 착해서 맘에 들어서 사랑했던 걸 거예요. 저도 착한 사람을 아주 좋아해요.

황새 선생님, 착한 개구리 선생님을 괴롭히다가 '푸른동물보호소'에 끌려갔지요? 그때 저는 기분이 너무나 좋았어요. 그리고 속도 시원했어요. 벌을 받았으니 이젠 절대로 개구리들을 괴롭히지 마세요!

C의 『개구리 선생님의 비밀』에는 나비와 개구리, 개구리와 황새 같은 생태계의 먹이사슬을 활용하여 등장인물 간에 은유적인 관계 설정이 이루어져 있습니다. 전혀 생각지도 못하게 개구리로 변하는 선생님의 모습을 지켜보면서 어느새 아이들은 징그럽고 못생긴 개구리를 응원하고 지키는 입장이 되어 있습니다.

이런 판타지 동화를 읽는 동안 아이들은 호기심이 많아지고 질문이 많아집니다. 동화 속에 숨겨진 은유나 철학을 이해하도록 강요하지 말고 판타지 자체를 즐기면서 등장인물에 대해 이해하는 시간을 가져 봅니다. 이럴 때에도 편지는 아주 괜찮은 소통 방법이 될 수 있습니다.

위인전을 읽고 쓴
독서일기 ✏

-같은 책, 다른 독서일기

아이들이 위인전을 읽고 쓰는 독서일기의 가장 큰 공통점은 대체로 '자랑스럽다', '존경스럽다', '본받아야겠다'와 같이 거의 정해진 감상을 적는다는 것입니다. 당연히 자랑스럽고 존경스러운 인물에 관한 책이어서 읽기 시작한 것일 테지만, 그 자랑과 존경이 아이들의 글 진행을 한 방향으로 끌어가 버리기도 합니다.

A

신사임당은 나와 같은 신 씨이고 내 조상이기도 하다. 게다가 이율곡의 어머니이다. 어려서부터 그림 솜씨가 훌륭했고 매우 효심이 지극했다. 또

남편 이원수에게 벼슬을 할 수 있도록 많은 도움을 주었다. 그리고 뛰어난 재능과 바른 심성과 인격을 지녔다. 자식들에게 효와 공자의 도를 가르쳤다. 그래서 우리 역사상 가장 훌륭한 어머니로 이름이 남게 되었다. 신사임당이 나의 조상이어서 자랑스럽고 훌륭한 점을 본받아야겠다.

B

가엾은 신사임당과 원망스러운 이원수

신사임당의 원래 이름은 인선이고 호는 사임당이다. 어렸을 때부터 유명한 화가 안견에게 그림을 배웠다. 그래서 산수, 포도, 풀벌레들도 잘 그릴 수 있었고 부모님은 칭찬을 아끼지 않았다. 인선이 이런 재주를 가지게 된 것은 이런 이유 때문인 것 같다. 인선이 시집갈 나이가 되자 부모님의 뜻으로 이원수와 결혼을 하게 되었다. 그때 나는 이원수가 나쁜 사람일까봐 걱정되고 인선이 아까운 생각이 들었다. 이원수는 의지가 약하고 학문을 게을리하는 사람이었다. 그래서 신사임당은 혼자서 아이들을 가르쳐야 했다. 다행히도 아이들은 똑똑하고 재주가 많았다. 그중에서 셋째 아들이 율곡 이이다. 이원수는 아이들과 부인을 생각할 줄 모르는 자기만 아는 사람이다. 내 생각엔 신사임당이 결혼을 잘못한 것 같다. 그러지 않았으면 신사임당이 행복하지 않았을까?

A는 전반부 대부분에 이야기의 전체 흐름을 적고 후반부에 느낀 점을 간단히 덧붙이는 가장 고전적인 방식으로 작성된 독서일기입

니다. 대부분 책을 읽으면서 인물의 행적이나 업적을 익히는 데 많은 노력을 들이고 나면 정작 자기 생각이나 느낌은 이렇게 간단히 적고 마는 경우가 자주 있습니다.

B는 신사임당의 위대한 업적보다 여인으로서의 삶에 대한 안타까움을 담고 있습니다. 저학년 시기에 읽는 위인전은 대부분 요약된 분량으로 된 것이 많아서, 인물의 삶 전체를 조망하기에는 많이 부족합니다. 또한 작가의 성향에 따라 인물의 특정 부분이 강조되거나 생략되기도 합니다. 가능하면 인물의 전체적 삶이 편견 없이 드러난 책을 골라 읽어야 하며, 독서일기를 쓸 때는 주인공과 주변 인물과의 관계에도 관심을 기울이면서 자신의 의견을 낼 수 있었으면 합니다.

C

장보고 장군님, 안녕하세요?
저는 ○○초등학교에 다니는 아무개라고 합니다. 저의 취미는 컴퓨터 게임이고, 특기는 태권도입니다. 제가 좋아하는 음식은 치킨입니다. 장군님은 무슨 음식을 좋아하세요? …….

편지글 형식도 위인전을 읽고 쓸 수 있는 좋은 독서일기가 될 수 있습니다. 하지만 C처럼 받는 사람의 이름만 바뀌면 누가 받아도 상관없을 내용의 편지는 안 되겠지요?

초등 저학년 시기에 읽은 위인전은 아이들의 기억에 오래 남고 아이들에게 미치는 영향력도 큽니다. 위인전에 나오는 인물은 나와는 전혀 다른 사람, 특별한 사람이라는 선입견을 내려놓고 한 사람의 삶에 대한 이야기를 읽는다는 생각으로 좀 더 편안한 마음가짐으로 책을 읽으면 좋겠습니다. 또한 다양한 위인전을 많이 읽는 것도 중요하지만 그와 함께 자신의 생각을 야무지게 독서일기로 남겨 놓는다면 이후에도 인물의 삶을 이해하고 스스로의 삶에 도움이 되는 부분을 찾아가는 데에 기본이 된다는 것을 기억해 주세요.

관심사가 잘 드러나는
독서일기 ✏️

독서일기는 편하고 즐겁게 써야 합니다. 그래서 아이들이 관심 있어 하는 분야의 책들은 즐거운 독서일기를 쓰는 데에 도움이 됩니다. 평소 자신이 좋아하는 분야이므로 자기도 모르게 자신의 일상을 솔직하게, 생각을 과감하게 표현하게 됩니다.

'더럽지만 재미있는 이야기' 읽고 쓰기

아이들은 더럽고 재미있는 이야기를 참 좋아하죠? 그중에서도 부동의 인기 1위는 단연 '똥' 이야기입니다. 실생활에서는 더럽다고 펄쩍 뛰지만, 책 속에서는 전혀 그렇지 않습니다. 설화나 창작 동화에도 재미있는 똥 이야기가 많고, 과학 도서 중에도 똥 이야기는 단연 인기

책 제목: 똥이 어디로 갔을까?

기록한 날: 1월 11일

주인공: 벅구, 단후, 연후, 동수 아저씨, 성동이, 시우, 똥파리

"똥은 소중하다"

　이 책에는 똥에 관한 이야기가 많이 들어 있다. 그중에서 내가 깔깔거리고 웃으면서 몇 번씩 읽은 이야기가 네 가지 있다. 첫 번째 이야기는 불쌍한 강아지 벅구 이야기다. 벅구는 동네 아이들의 똥을 먹고 살이 통통 쪄서 마을 사람들이 나눠 먹었다. 그 뒤로 아이들은 개에게 똥을 주지 않았다. 어른들은 나쁘다. 고맙고 귀여운 벅구를 잡아먹었기 때문이다. 나 같으면 벅구를 죽을 때까지 귀여워해 줬을 것이다.

　두 번째 이야기는 할아버지와 할머니의 똥 이야기다. 할아버지가 강에 똥을 싸고 할머니는 강가에서 빨래를 하고 있었다. 그런데 할머니가 똥이 된장인 줄 알고 그걸 건져 국을 끓여 먹었다. 똥국은 맛이 전혀 없을 것 같고 똥 냄새가 아주 많이 났을 것이다.

　세 번째 이야기는 시우 똥으로 자란 개똥참외가 성동이네 집에 열려 훔쳐 먹으려다 똥만 잡은 이야기고, 네 번째 이야기는 할머니가 단후 똥으로 담근 똥술을 드신 이야기다.

　똥은 재미있고 웃기지만 이 책에는 똥이 소중하다는 이야기가 있다.

가 높습니다. '똥'을 주제어로 다양한 책들을 찾아 읽어 봐도 재미있습니다. 비슷하게는 오줌, 방귀, 트림, 딸꾹질 같은 것을 소재로 하는 책들도 아이의 적극적인 반응을 이끌어낼 수 있는 기회를 만들어 줍니다.

'소중하고 흥미로운 이야기' 읽고 쓰기

전통문화나 전통 예술에 관한 이야기는 그 분야가 엄청나게 다양할 뿐만 아니라 소재도 무궁무진합니다. 그래서 관련된 그림책을 읽다 보면 어른들도 처음 알게 되는 것이 많은 분야이기도 합니다. 사실 아이들이 어려서부터 전통문화나 전통 예술과 관련된 내용에 관심을 가지고 좋아하게 되는 일은 흔치 않습니다. 특히 전집류를 통해서 한꺼번에 많은 내용을 접하게 되면 구체적인 모습에 관심을 가질 새도 없이 비슷비슷한 소재 자체에 흥미를 잃을 수 있으니 주의가 필요합니다.

특정한 풍습이나 놀이, 사물에 대한 개별적인 이야기를 중심으로 적당한 분량으로 풀어낸 책을 읽으면 아이의 생각의 흐름을 집중적으로 끌어낼 수 있습니다.

책 제목: 어린이를 위한 한국의 명화

기록한 날: 8월 25일

"옛날의 단오 풍습"

음력 5월 5일은 단오다. 단오에는 남자들은 씨름을 하고, 여자들은 창포물에 머리를 감거나 그네를 탔다고 한다. 내가 본 신윤복의 '단오풍정'에는 단오의 달밤에 여자들의 풍습이 나타나 있다. 한 여인은 그네를 뛰고 있고, 또 다른 여인은 그늘에 앉아 트레머리를 손질하고 있다. 그리고 졸졸 흐르는 물가에서는 반쯤 벗고 몸을 씻고 이야기꽃을 피우는 여인들도 있다. 또 먹을 것을 머리에 이고 있는 여인도 있고, 두 명의 동자승이 담 너머에서 그런 모든 모습을 지켜보고 있다. 그런데 창포물에 머리를 감는 여인은 왜 없을까? 신윤복은 '단오풍정' 말고도 '선유도', '월하정인', '미인도' 등을 그렸다. 그 그림들은 다 주로 여인들과 사랑을 담고 있다.

김홍도의 '씨름'을 보면, 여러 양반들이 둥그렇게 모여 씨름을 구경하는 모습을 볼 수 있다. 단오에 하는 풍습이다. 이 그림은 내가 평소에도 많이 보았던 그림이다. 이 그림을 볼 때마다 씨름에서 누가 이길까 마음이 조마조마하다. 김홍도의 그림에는 '벼 타작', '무동' 등이 있다. 특히 김홍도의 그림에는 흥겹고 협동하며, 둥글게 앉아 있는 모습을 볼 수 있는 것이 특징이다.

난 단오 풍습이나 다른 여러 가지 풍습을 볼 때마다 '아니, 어떻게 몰래 여자가 목욕하는 장면을 그렸을까? 요즘에도 그런 풍습이 있으면 어떨까?' 하는 생각이 든다. 옛날 그림은 너무나도 재밌다.

위의 글에서 보면 단오의 풍습을 소재로 한 풍속화를 통하여 신윤복과 김홍도가 지닌 서로 다른 느낌을 하나의 주제로 녹여 내고 있습니다. 단오의 풍습과 짝을 이루어 숨은그림찾기를 하는 것 같은 즐거움도 느낄 수 있습니다. 아이는 과거와 현재를 비교하고 상상하며 흥미로운 점을 발견하면서 글로 풀어가는 데에 익숙해지게 될 겁니다.

'낯설지만 신기한 이야기' 읽고 쓰기

주인공이 사람이 아닌 책은 낯설지만 일단 한번 빠지면 그 신기한 매력에서 헤어나기 힘듭니다. 대표적으로 동물이나 곤충 등에 대한 이야기를 들 수 있습니다. 『시튼 동물기』와 『파브르 곤충기』를 예로 들어볼까 합니다. 『시튼 동물기』는 아주 오랫동안 동물 문학의 고전으로 평가받는 책입니다. 시튼이 직접 그린 삽화까지 어우러져 마치 동물 다큐멘터리를 보는 것 같은 느낌마저 주지요. 아이들은 사람과는 전혀 다르다고 생각해 왔던 동물의 세계에 대해 어느 순간 사람과 같은 마음으로 공감하고 수다스러운 글을 쓰게 될 것입니다.

A

책 제목: 시튼 동물기   **기록한 날:** 9월 28일

"사람들은 나빠"

파브르와 시튼은 둘 다 자기의 이름을 넣어 책 제목을 지었다. 그렇다면 나는 어떤 책을 지을 수 있을까?

『시튼 동물기』에는 동물들이 사람의 무기인 총에 맞아 죽는 장면이 최후가 되는 경우가 많다. 그런 장면을 보며 총이라는 물건이 없어져서 사람들이 아무리 피해를 주는 자연이라도 사랑하게 되고, 자연을 보호하는 마음을 가졌으면 좋겠다.

또 여러 가지 다양한 동물들에 대해 알게 되었다. 가장 재미있었던 이야기는 '소년 늑대의 우정'이다. 아무리 성질이 고약하고 고집이 세도 동물과 사람도 언젠가는 친해질 수 있다는 것을 알게 되었다. 또 울피는 죽고 나자, 건달 폴에 의해 위험에 빠진 니네트를 살렸다. 하지만 결국 지미가 있는 세상으로 떠났다.

이 책을 읽으면서 자연과 동물을 괴롭히는 정체는 사람이라는 것을 알게 되었다. 앞으로는 동물을 보면 더 반가워하고 동물들이 입을 수 있는 피해를 줄여야겠다.

책 제목: 시튼 동물기   **기록한 날:** 3월 20일

"늑대 임금 로보와 블랑카의 사랑"

A에는 『시튼 동물기』의 전반적인 내용에 대한 아이의 생각과 느낌이 드러납니다. 다만 이런 글을 쓸 때 아이가 이해한 대로 글의 주제를 드러내는 부분에서 동물 보호에 대한 표어나 교훈처럼 뻔한 표

현으로 마무리짓지 않도록 해 주세요. B에서는 늑대왕 로보의 이야기를 네 컷 그림으로 나누어 표현하고 있습니다. 『시튼 동물기』에는 작은 이야기들이 여러 개 들어 있으니 각각의 이야기 중에서 필요한 장면을 뽑아 장별 이야기를 요약해 보는 것도 좋은 독해 방법이 될 수 있습니다.

이번에는 『파브르 곤충기』에 대해 이야기해 볼까요? 『파브르 곤충기』는 곤충학자 파브르가 곤충의 생활에 대해 세심하게 관찰하고 이를 재미있는 문체로 써낸 연구서입니다. 평소엔 벌레라는 말만 들어도 펄쩍 뛰던 아이라도 세심하게 쓰인 글을 읽는 동안 낯선 벌레들의 신기한 매력에 푹 빠져들게 하는 특별한 동화이기도 합니다.

A

책 제목: 파브르 곤충기   **기록한 날:** 5월 20일

"싸움꾼 딱정벌레"

　『파브르 곤충기』에는 내가 싫어하고 징그러운 벌레들이 많이 나온다. 예를 들면 개미, 전갈, 땅말벌, 왕노래기벌, 거미, 대모벌, 금파리와 검정쉬파리, 그리고 버마재비들이다. 사실 나는 이런 종류의 벌레 이름들도 처음 들어보지만, 이름만 들어도 짐작은 할 수 있었다. 딱정벌레는 자기보다 더 큰 곤충들을 잡아먹는 성격이 난폭한 싸움꾼이다. 이 책을 읽어 보기 전에는 '딱정벌레' 하면 그냥 기어 다니는 떠돌이 곤충인줄 알았는데 이제 보니 용감한 싸움꾼이었다. 그리고 다른 벌레와는 달리 재미있는 곤충이었다. 만약 딱정벌레를 보게 되면 잡아

와야겠다. 왜냐하면 딱정벌레는 엄청난 싸움꾼이기 때문에 우리 집에 있는 나쁜 곤충들을 잡아먹을 수 있기 때문이다. 그러다 우리 집에 있는 딱정벌레가 돼지만큼 커지면 어떡하지?

B

책 제목: 파브르 곤충기 　　　　　　　　**기록한 날:** 3월 25일

"여러 곤충들의 모험"

A에서처럼 이름도 낯선 벌레들의 특이한 성격은 책 속으로 아이들의 관심을 끌어오기에 충분합니다. 그리고 어느새 벌레와 함께 지낼 방법까지 모색하게 됩니다. 이렇게 낯설지만 신기한 동물이나 곤충에 대한 이야기를 만나면 아이는 머릿속에서 더 생생하게 떠올리려고 하고 자신만의 이미지로 남기고 싶어 합니다. 이때 B에서와 같이 독서일기를 네 컷 만화로 구성해 보면 유용합니다. 책의 내용 중에 기억에 남는 곤충을 장면마다 나누어 그리기도 하고, 본인의 생각이나 느낌을 만화로 그릴 수도 있습니다. 책에 나오는 등장인물들의 대화를 선택하여 쓰기도 하고, 본인이 새로운 대화로 만들 수도 있습니다.

동화 같은
독서일기 ✏️
-이어 쓰기, 상상해 쓰기

'내가 동화작가라면 주인공의 성격을 이렇게 고쳐 쓸 거야.'
'이 부분은 이렇게 바뀌었으면 좋겠어.'
'이 책의 마지막은 이렇게 끝내지 않을 거야.'

책을 읽으면서 한 번쯤 이런 상상들을 해 본 적 있으시죠? 꼭 동화 속 주인공이 마음에 들지 않거나 결말이 재미없어서라기보다 책에 몰입하다 보면 나도 모르게 작가가 되고 싶은 마음이 들기도 하니까요. 아이들도 같은 마음일 겁니다. 이런 마음을 잘 살려 보면 아이가 재미있는 독서일기를 쓰면서 예비 작가가 되어 볼 수도 있습니다.

책 제목: 눈이 되고 발이 되고

기록한 날: 10월 20일 금요일

내가 상상해서 쓴 이야기

길을 가던 장님과 앉은뱅이는 금덩이를 발견했습니다.

장님: 자네가 내 눈 대신에 발견했으니까 자네가 가져.

앉은뱅이: 자네가 나를 힘들게 업어 줬으니까 자네가 가져.

장님: 아니야, 자네가 안내해 주지 않았으면 나는 벌써 여기에 오지도
            못했을 거야.

앉은뱅이: 좋은 수가 있네! 그럼 우리 이렇게 하세. 이 금덩이를 팔아 돈을
            가지고 병원에 가서 자네는 눈을 고치고 나는 다리를 고치세.

장님: 그래, 우리 그렇게 하세.

두 사람은 금덩이를 팔고 장님이 앉은뱅이를 업고 병원에 갔습니다. 앉은뱅이는 다리를 고쳐 잘 걷게 되었습니다. 장님은 눈을 고쳐 앞을 잘 볼 수 있게 되었습니다. 건강해진 두 친구는 그 뒤로도 사이좋게 지내면서 일을 열심히 하며 행복하게 살았답니다.

A에 나온 동화는 전래동화에 기반을 두고 있는데, 원래 내용은 욕심 없이 사는 장님과 앉은뱅이의 우정을 보여 줍니다. 하지만 아이들의 눈에는 금덩이를 포기하는 것만이 우정을 지킬 수 있는 방법이 아닌 듯합니다. '귀한 것을 포기함으로써 더 귀한 것을 지킨다'라는 고전적 가치관은 솔직히 지금 시대에는 납득되기 어려울지도 모릅

니다. 어떤 상황에서 합리적인 판단이란 사람마다 다를 수 있으니까요. 어른의 시각에서도 아이의 시각에서도 마찬가지입니다. 장님과 앉은뱅이 두 사람이 함께 행복해질 수 있는 방법을 찾아가는 것은 '착함'을 믿음으로 삼았던 고전의 작가들이나 우리 아이들이 가지고 있는 공통적인 가치로 보입니다. 하지만 굳이 이렇게 착한 결말에 연연할 필요는 없습니다. 상상력이란 어디로 튈지 모르는 공과 같은 매력도 지니고 있으니까요.

B

책 제목: 나야? 고양이야?

기록한 날: 12월 17일

내가 만든 다음 이야기

맥거프 선생님은 행동이 고양이처럼 되었다. 그래서 음식을 먹을 때는 접시에 대고 핥아먹고, 여자 고양이를 보면 사랑에 푹 빠지고, 수업 시간에는 교탁 위에서 잠을 자고, 또 책꽂이 위에 올라갔다가 우당탕탕 떨어지기도 했다. 하지만 이번엔 마녀가 밤에 나타나지 않았다. 맥거프 선생님은 계속 고양이처럼 살았다.

B의 『나야? 고양이야?』는 어느 날 고양이와 몸이 바뀌어 버린 꼬마 니콜라스의 하루를 재미있게 보여 줍니다. 그리고 다음 날 맥거프 선생님의 몸이 고양이와 바뀌게 되면서 이야기는 끝을 맺습니다.

아이의 상상력은 여기부터 시작됩니다. 가능하진 않지만 상상해 보면 흥미로울 일들이 펼쳐지면서 아이들은 '내가 고양이가 되면 어떨까?', '고양이가 내 대신 학교에 가면 어떤 일이 벌어질까?', '선생님이 고양이라면 어떤 일이 생길까?', '엄마가 고양이가 된다면 나한테는 어떤 일이 생길까?'와 같은 상상을 하게 됩니다. 그리고 상상은 또 다른 이야기를 만들고 그 이야기는 또 다른 상상을 불러옵니다.

북아트 독서일기 ✏️

　'북아트(book art)'는 아이들이 글과 그림, 그리고 종이를 접고 오리는 작업을 하나로 결합하여 즐겁게 책을 만드는 활동입니다. 간단하게 한 장의 종이를 사용하여 접거나 오려서 공간을 만들고 거기에 아이들이 글과 그림으로 지면을 배분하고 표현합니다. 북아트는 '책 만들기' 혹은 '메이킹 북(making books)'이라는 명칭으로 쓰이기도 합니다. 초등학교 저학년 아이들은 주로 미술 시간에 예쁜 책 모양의 조형물을 만들어 내기도 하고 국어나 사회, 과학 시간 등에는 책의 구조를 만들고 그 안에 배운 내용과 생각을 나누어 담는 작업을 통해 북아트를 만나게 됩니다.

　'북아트 독서일기'란 북아트에서 사용하는 다양한 책 만들기 기법을 사용하여 책의 구조를 만들고, 그 안에 읽은 책의 내용과 읽으면서 느낀 생각, 감정들을 배분하여 글과 그림으로 채워 넣은 기록을 말합니다. 때로는 책 지면을 구성하고 그 안에 아이의 그림을 나누어 담는 그림책 같은 형태로 표현할 때도 있습니다. 다양한 표현 방법들이 있지만 여기서는 간단히 종이 한 장을 접거나 오려서 책의 구조를 만들고 그 안에 글을 쓰거나 그림을 그려 넣어 독서일기 내용을 담아내는 경우만을 생각해 보도록 하겠습니다.

독서일기의 형식적 구조가 될 '책'은 종이 한 장을 접어 몇 개의 펼침면을 만들 수 있는가에 따라서 다양한 모양이 만들어집니다. 그중 아이와 활용하기 쉬운 몇 가지만 간단히 소개해 보겠습니다.

기본 책

기본 책 접기는 책의 지면이 8면이 되도록 종이를 접어 두 칸을 가로질러 자르고 표지와 세 개의 펼침면이 나오도록 접은 형태의 책입니다. 기본 책 접기를 활용하면 책의 내용을 3개나 6개의 부분으로 나누어 보기에 편리합니다. 쓰기의 분량을 가늠하거나 조절하는 데에도 효과적으로 쓰일 수 있습니다.

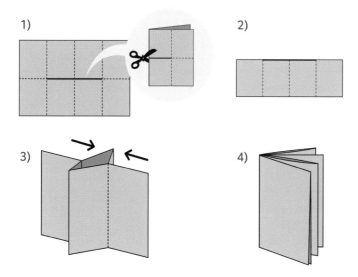

<기본 책 접는 법>

1) 기본 8면이 되게 종이를 접었다 편 후 가운데 두 칸을 가로질러 자른다.
2) 종이의 긴 방향으로 수평으로 접는다.
3) 종이를 세워 양 끝을 안으로 밀어 준다.
4) 앞표지와 뒤표지, 그리고 본문 여섯 쪽의 책 모양이 되도록 접는다.

▲ 앞표지   ▲ 펼침면 1

▲ 뒤표지

▲ 전체 모습

위의 기본 책은 수지 모건스턴의 『조커, 학교 가기 싫을 때 쓰는 카드』를 읽고 만들었습니다. 동화 속 이야기처럼 아이도 쓰고 싶은 카드를 만들어 보았습니다. 기본 책을 접어 앞표지와 뒤표지를 만들고, 세 개의 펼침면에 각기 다른 3장의 카드를 만들어 붙이고 설명을 덧붙인 것입니다.

아코디언 책

아코디언 책 접기는 종이 한 장으로 오려 접는 책 만들기 방식 중에서도 가장 간단하므로 일상에서도 활용도가 높습니다. 만드는 방법은 아주 간단합니다.

1)
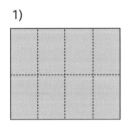

2)
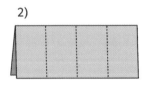

3)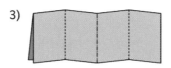

<아코디언 책 접는 법>

1) 기본 8면이 되게 종이를 접었다가 펼친다.
2) 종이의 긴 방향으로 다시 길게 접는다.
3) W자 모양이 되도록 지그재그로 가장자리를 맞추어 접는다.

▲ 전체 모습

　위의 사진은 오브리 데이비스의 동화 『단추 수프』에 착안하여 단추 수프를 만들 수 있는 자기만의 요리책을 아코디언 책으로 만든 것입니다. 요리가 진행되는 순서에 따라 책의 페이지도 왼쪽에서 오른쪽으로, 그리고 뒷면까지 이어집니다. 아코디언 책은 세워서 보거나 전시하기 편한 장점도 있습니다.

도돌이 책

도돌이 책 접기는 기본 책 접기에서 간단히 변형된 양식으로, '도돌이 책'이라는 이름은 이 책에 쓰는 글의 내용이 구조적으로 순환되는 것과 연계해서 붙인 것입니다.

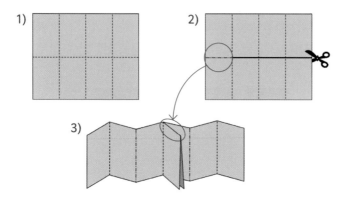

<도돌이 책 접는 법>

1) 기본 8면이 되도록 종이를 접었다가 펼친다.
2) 맨 왼쪽의 한 칸만 남기고 가운데 선 세 칸을 가로질러 자른다.
3) 종이의 긴 방향으로 접은 상태에서 자르지 않은 한 칸을 잡고 좌우의 잘린 부분을 지그재그로 기본 면 크기로 접는다.

▲ 앞표지

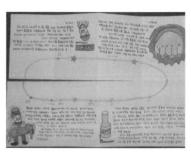

▲ 전체 모습

▲ 펼침면 1

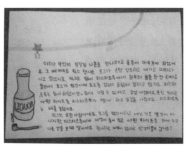

▲ 펼침면 2

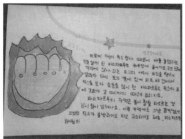

▲ 펼침면 3

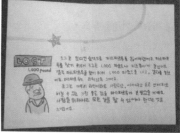

▲ 펼침면 4

위의 사진은 쥘 베른의 『80일간의 세계일주』를 읽고 주인공 파스파르투의 여행 일정을 그대로 따라가 원래 여행의 출발지로 되돌아오는 여정을 담은 도돌이 책입니다. 펼침면마다 주인공이 머물렀던 장소에서 있었던 일과 아이의 생각을 간단히 정리해 놓은 것이 보입니다.

팝업북

팝업북(Pop-up book)이란 '펼치면 그림이 튀어나오는 책'을 말합니다. 크리스마스 입체 카드 같은 것을 떠올리면 이해하기 쉽습니다.

책은 원래 평면의 구조인데 입체로 튀어나와 만져지는 독특한 구조를 이용하면 아이의 주의를 집중시키고 흥미를 유발하는 데 효과적입니다. 초등 저학년 아이들이 만들 수 있는 팝업북은 기술적인 면에서 특이하거나 완성도 높은 작품을 시도하지 않습니다. 간단한 기본책이나 아코디언 책 구조에 입체적인 요소를 조금만 더해 주는 것만으로도 팝업북의 효과를 충분히 낼 수 있습니다. 물론 팝업북도 책의 모양을 갖춘 독서일기라는 점을 고려하면 반드시 내용은 기본이 되어야 하겠지요?

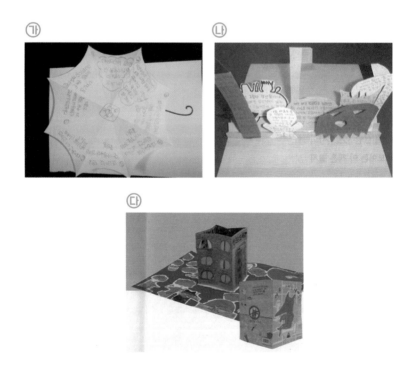

㉮는 간단하게 우산을 접었다가 펼치는 방식으로 팝업 같은 효과를 낼 수 있는 '우산 책'의 모습입니다. 동화『마법 우산과 소년』을 읽고 아코디언 책이 변형된 팝업북으로 만들었습니다. ㉯는 역시 아코디언 책의 원리를 사용하였는데 주름을 잡아 사이사이에 그림자 모양을 끼워 넣는 방식으로 팝업의 효과를 내고 있습니다.『오필리아의 그림자 극장』이라는 동화를 참고하면 재미있는 그림자놀이를 활용할 수 있습니다. 조금 더 나아가면 ㉰에서 보이는 '책 먹는 도서관'도 어렵지 않게 만들 수 있게 될 것입니다. 프란치스카 비어만이 쓴『책 먹는 여우』를 읽고 만든 이 팝업북은 종이 한 장을 한 번 접은 구조로, 책을 펼치면 상자 모양이 도서관 건물처럼 설 수 있도록 만들었습니다. 상자 모양은 긴 직사각형 모양의 종이를 펼친 상태에서 앞뒷면에 그림과 글을 채우고, 아랫면에 풀칠 여백을 남겨 두었다가 바닥에 붙여 준 것입니다.

북아트 독서일기는 아이가 책을 읽고 책을 만들 수 있다는 재미있는 발상에서 비롯되었습니다. 단순히 책의 구조 안에 아이의 글을 담는 것이 아니라, 아이가 자신의 독서 경험과 관련하여 책의 제목을 짓고, 표지를 디자인하고, 글과 그림을 지면에 맞게 어울리도록 배분하고 꾸미면서 성취감을 느끼게 될 겁니다. 아이의 창의력과 쓰기 능력을 동시에 키우는 색다른 독서일기들이 만들어지기를 기대해 봅니다.

일기는 꼭 써야 할까?

사실, 일기는 글쓰기 중에서도 가장 정돈되어 있지 않고 그리 아름답지도 않으면서 웬만해서는 특별한 주제로 눈길을 끌지도 않습니다. 어쩌면 유치하고 서툴고, 누군가 본다고 생각하면 한없이 부끄러워질 지극히 개인적인 기록입니다. 그러나 오래전부터 글쓰기에 대한 이해가 남다르게 깊었던 이태준 작가는 『문장강화』란 책에서 일기가 가진 의미가 과거보다는 장래를 위한 것이 크다고 말합니다. 『문장강화』는 글을 잘 쓰고 싶어 하는 남녀노소 사람들에게 '고전'처럼 가르침을 주는 책입니다. 여기에 작가가 일기가 가진 의의에 대해 남겨 놓은 부분을 잠시 인용해 봅니다.

첫째, 수양이 된다. 그날 자기가 한 일을 가치를 붙여 생각하게 될 것이니 날마다 자기를 반성하는 기회가 되고, 사무적으로도 정리와 청산(淸算)을 얻는다.

둘째로는 문장 공부가 된다. 생각이 되는 대로 얼른얼른 문장화하는 습관이 생기면 '글을 쓴다'는 데 새삼스럽거나 겁이 나거나 하지 않는다. 더구나 일기는 남에게 보이는 것이 목적이 아니기 때문에 쓰는 데 자유스럽고 자연스러울 수 있다. 글 쓰는 것이 어렵다는 압박을 받지 않고 글 쓰는 공부가 된다.

셋째, 관찰력과 사고력이 예리해진다. 보고 들은 것 중에서 중요한 것을 취하자면 우선 작은 사물도 치밀하게 관찰하고 생각할 필요가 있다. 관찰과 생각이 치밀하기만 하면 온갖 사물의 진상과 깊은 뜻을 모조리 밝혀 나갈 수 있을 것이다.

일기는 훌륭한 인생 자습(自習)이라 할 수 있다.

　　-이태준, 『문장강화』(창비) 중에서

첫째, 둘째, 셋째의 내용은 이미 모두가 잘 알고 있는 익숙한 잔소리라 하더라도, '일기는 훌륭한 인생 자습'이라고 단언하는 부분에서는 잠시 멈칫하게 됩니다. 우리가 인생에서 자습을 할 수 있는 시간은 과연 언제일까 하고요.

아이들이 쓰는 일기는 아이가 어떤 세상을 살고 있는지 섬세하게 보여 주는 가장 솔직한 그림과도 같습니다. 글을 쓴다는 것은 자기가 보고 생각하고 느낀 세상을 있는 그대로 이해하고 표현한 것이니까요. 아이들은 일기를 통해 인생을 자습하며 앞으로의 삶을 향해 나아가는 힘을 기를 수 있게 됩니다.

> **저녁이 가까워질 무렵, 막스는 마침내 해내고야 말았다. 순전히 습관적으로 안장을 꽉 붙들고 있던 내게 막스가 소리쳤다.**
>
> **"아빠! 이제 한번 놔 보세요!"**
>
> **그렇게 한마디 말을 남기고는 골목 모퉁이를 돌아 바람처럼 내 눈앞에서 사라져 갔다.**
>
> **이미 말했듯이, 어느 날이고 보조 바퀴는 떼게 마련이다. 그러고 나면 혼자 힘으로 가야만 하고, 우리들 보조 바퀴는 아무짝에도 쓸모없는 신세로 뒤에 남게 된다. 이것이 바로 인생이다.**
>
> **-악셀 하케, 『하케 씨의 맛있는 가족일기』(서강books) 중에서**

그리고 종종 그런 자습 시간 속에서, 하케 씨의 일기에서처럼 아이가 자전거의 보조 바퀴를 떼고 달리는 어느 날을 우리가 기다리고 있는 것이 아닐까요? 우리 아이들의 자습 시간을 응원합니다. 그리고 우리 부모님과 선생님들의 자습 시간도 응원합니다.

〈참고 문헌〉

- 이순신   『난중일기』
- 안네 프랑크   『안네의 일기』 지경사, 네버엔딩스토리, 보물창고, 책세상
- 박목월   『문장의 기술』
- 에스메이 라지 코델   『에스메이의 일기』 세종서적
- 김용택   『김용택의 교단일기』 김영사, 문학동네
- 황선미   『일기 감추는 날』 이마주
- 마가릿 피터슨 해딕스   『이 일기는 읽지 마세요, 선생님』 우리교육
- 박지원   『열하일기』 돌베개
- 송미경   『일기 먹는 일기장』 사계절
- 한비야   『그건 사랑이었네』 푸른숲
- 신혜원   『어진이의 농장 일기』 창비
- 정인섭   「이집트 여행」
- 공지영   『미미의 일기』 주니어김영사
- 문선이   『양파의 왕따 일기』 푸른놀이터
- 유리 브레잔   『개의 일기』 오늘의 책
- 앤 파인   『킬러 고양이의 일기』 비룡소
- 모리야마 미야코   『노란 양동이』 현암사
- 사라 스튜어트   『리디아의 정원』 시공주니어
- 이태준   『문장강화』 창비
- 악셀 하케   『하케 씨의 맛있는 가족일기』 서강books